公职人员应知应学
财务规矩与案例

郑 颖◎编写

人民出版社

编写委员会

顾　　问：李　晶　王群山　贾春岩　李玉杰
　　　　　毕建毅　毕　莹
编写人员：郑　颖　陈　昂　闫　磊　安　琪
　　　　　韩学锋　江天瑞　刘　淼　刘亚环
　　　　　阮　萍　仝　棣　张江楠　赵　权

目　录

第四章 会议活动 /137

第五章　公务差旅 /184

第六章 培训活动 /219

前　言

习近平总书记指出："治理一个国家、一个社会，关键是要立规矩、讲规矩、守规矩。法律是治国理政最大最重要的规矩。推进国家治理体系和治理能力现代化，必须坚持依法治国，为党和国家事业发展提供根本性、全局性、长期性的制度保障。"（见《在中共十八届四中全会第二次全体会议上的讲话》2014 年 10 月 23 日）

财务管理当然也必须"立规矩、讲规矩、守规矩"。党的十八届四中全会要求："对财政资金分配使用、国有资产监管、政府投资、政府采购、公共资源转让、公共工程建设等权力集中的部门和岗位实行分事行权、分岗设权、分级授权、定期轮岗，强化内部流程控制，防止权力滥用"；党的十九大报告中指出："建立全面规范透明、标准科学、约束有力的预算制度，全面实施绩效管理。"这些都是财务管理上的重大规矩要求。"中央八项规定"出台以来，国家陆续配套颁布了一系列落实"中央八项规定"精神的"规矩"，这些"规矩"都已经清清楚楚、明明白白规定了包括财务管理在内各项工作的"红线"在哪里，哪些事能做，哪些事不能做。习近平总书记强调："让大家都明白哪些事能做、哪些事不能做，哪些事该这样做、哪些事该那样做，自觉按原则、按规矩办事。"（见 2013 年 11 月 3 日至 5 日习近平总书记在湖南考察时的讲话。新华社记者李斌《习近平八论"规矩"》）"明制度于前，重威刑于后。"（见《加强纪律建设，把守纪律讲规矩摆在更加重要的位置》2015 年 1 月 13 日在十八届中央纪委五次全会上讲话节选）

在不断增强"四个意识"、坚定"四个自信"、做到"两个维护"的学习实践中，我们谋划以学习、落实财务管理"规矩"为主线，选取公职人员日常工作中经常遇到且应知应学的"公务接待""公务用车""因公出国""会议活动""公务差旅""培训活动""办公用房""社团收费"等与财务管理不可分割的八个方面内容编辑此书；这八个方面与落实"中央八项规定"精神、落实"厉行节约反对浪费条例"、落实"减税降费"的要求密切相关。全书围绕这八个方面，既阐述了各项"规矩"的"红线""标准"，又辅以 2012 年以来有关部门在接受国家审计、内部审计以及相关检查中不同表现形式的公开案例；还对一些在具体执行中可能模糊的问题，给出了分析、考量的初步路径。

希望这本书的出版，能为公职人员在实际工作中更好地落实"中央八项规定"精神，遵守财务规矩，进一步规范财务管理提供有益的参考。鉴于编者能力、水平所限，书中难免有不妥之处，请广大读者批评指正。

编　者

2020 年 12 月 4 日

第一章　公务接待

◎ 《中国共产党纪律处分条例》（2018 年 8 月）

第九十二条　接受、提供可能影响公正执行公务的宴请或者旅游、健身、娱乐等活动安排，情节较重的，给予警告或者严重警告处分；情节严重的，给予撤销党内职务或者留党察看处分。

第一百零三条　违反有关规定组织、参加用公款支付的宴请、高消费娱乐、健身活动，或者用公款购买赠送或者发放礼品、消费卡（券）等，对直接责任者和领导责任者，情节较轻的，给予警告或严重警告处分；情节较重的，给予撤销党内职务或者留党察看处分；情节严重的，给予开除党籍处分。

第一百零六条　违反公务接待管理规定，超标准、超范围接待或者借机大吃大喝，对直接责任者和领导责任者，情节较重的，给予警告或严重警告处分；情节严重的，给予撤销党内职务处分。

◎ 2012 年以来涉及"公务接待"的重要制度政策[①]

1.《党政机关厉行节约反对浪费条例》（2013 年 11 月）

2.《党政机关国内公务接待管理规定》（2013 年 12 月）

3.《关于厉行节约反对食品浪费的意见》（2014 年 3 月）

4.《机关事务管理条例》（国务院令第 621 号）

第一节　管理红线和标准

规矩 1—1 《党政机关厉行节约反对浪费条例》

（一）财务管理应关注的"不得""禁止"等红线及"罚则"

第十条　……严格开支范围和标准，严格支出报销审核，不得报销任何超范围、超标准以及与相关公务活动无关的费用。

第二十条　……对无公函的公务活动不予接待，严禁将非公务活动纳入接待范围。

第二十一条　……不得在接待费中列支应当由接待对象承

---

① "2012 年以来涉及'公务接待'的重要制度政策"主要是 2012 年至 2020 年初正式发布的政策制度，适用于中央部门及其所属单位，选取的制度政策的排列顺序遵照归并同一业务、时间顺序排列，涉及党中央颁布的文件根据有关规定不列文号。选取的制度政策只引用了"不得""禁止"及"罚则"，在实际执行中要结合制度政策上下文全面把握，避免断章取义。本书涉及的制度政策发文机关等内容见附录。下同。另，本章"公务接待"以国内公务接待为主，不涉及外宾接待。

担的费用，不得以举办会议、培训等名义列支、转移、隐匿接待费开支。

第二十三条　……严禁超规格、超标准接待，严禁扩大接待范围、增加接待项目，严禁以招商引资等名义变相安排公务接待。

第二十四条　……不得以任何名义新建、改建、扩建所属宾馆、招待所等具有接待功能的设施或者场所。

第五十八条　有下列情形之一的，追究相关人员的责任：（一）未经审批列支财政性资金的；（二）采取弄虚作假等手段违规取得审批的；（三）违反审批要求擅自变通执行的；（四）违反管理规定超标准或者以虚假事项开支的；（五）利用职务便利假公济私的；（六）有其他违反审批、管理、监督规定行为的。

第五十九条　有下列情形之一的，追究主要负责人或者有关领导干部的责任：（一）本地区、本部门、本单位铺张浪费、奢侈奢华问题严重，对发现的问题查处不力，干部群众反映强烈的；（二）指使、纵容下属单位或者人员违反本条例规定造成浪费的；（三）不履行内部审批、管理、监督职责造成浪费的；（四）不按规定及时公开本地区、本部门、本单位有关厉行节约反对浪费工作信息的；（五）其他对铺张浪费问题负有领导责任的。

第六十条　违反本条例规定造成浪费的，根据情节轻重，由有关部门依照职责权限给予批评教育、责令作出检查、诫勉谈话、通报批评或者调离岗位、责令辞职、免职、降职等处理。应当追究党纪政纪责任的，依照《中国共产党纪律处分条例》《行政机关公务员处分条例》等有关规定给予相应的党纪政纪处分。涉嫌违法犯罪的，依法追究法律责任。

第六十一条 违反本条例规定获得的经济利益，应当予以收缴或者纠正。违反本条例规定，用公款支付、报销应由个人支付的费用，应当责令退赔。

（二）名词解释

浪费：指党政机关及其工作人员违反规定进行不必要的公务活动，或者在履行公务中超出规定范围、标准和要求，不当使用公共资金、资产和资源，给国家和社会造成损失的行为。

（三）适用范围

1.适用于党的机关、人大机关、行政机关、政协机关、审判机关、检察机关；

2.适用于工会、共青团、妇联等人民团体；

3.适用于参照公务员法管理的事业单位；

4.国有企业、国有金融企业、不参照公务员法管理的事业单位参照执行。

规矩 1—2 《党政机关国内公务接待管理规定》

（一）财务管理应关注的"不得""禁止"等红线及"罚则"

第五条 ……禁止异地部门间没有特别需要的一般性学习交流、考察调研，禁止重复性考察，禁止以各种名义和方式变相旅游，禁止违反规定到风景名胜区举办会议和活动。

第六条 ……不得用公款报销或者支付应由个人负担的费用。国家工作人员不得要求将休假、探亲、旅游等活动纳入国内公务接待范围。

第七条 ……无公函的公务活动和来访人员一律不予接待。

第八条 国内公务接待不得在机场、车站、码头和辖区边界组织迎送活动，不得跨地区迎送，不得张贴悬挂标语横幅，不得安排群众迎送，不得铺设迎宾地毯；地区、部门主要负责人不得参加迎送。严格控制陪同人数，不得层层多人陪同。……安排外出考察调研的，应当深入基层、深入群众，不得走过场、搞形式主义。

第九条 ……接待单位不得超标准安排接待住房，不得额外配发洗漱用品。

第十条 ……接待对象在 10 人以内的，陪餐人数不得超过 3 人；超过 10 人的，不得超过接待对象人数的三分之一。工作餐应当供应家常菜，不得提供鱼翅、燕窝等高档菜肴和用野生保护动物制作的菜肴，不得提供香烟和高档酒水，不得使用私人会所、高消费餐饮场所。

第十一条 ……不得违反规定实行交通管控……不得清场闭馆。

第十二条 ……禁止在接待费中列支应当由接待对象承担的差旅、会议、培训等费用，禁止以举办会议、培训为名列支、转移、隐匿接待费开支；禁止向下级单位及其他单位、企业、个人转嫁接待费用，禁止在非税收入中坐支接待费用；禁止借公务接待名义列支其他支出。

第十四条　……接待费资金支付……具备条件的地方……不得以现金方式支付。

第十五条　……不得以任何名义新建、改建、扩建内部接待场所，不得对机关内部接待场所进行超标准装修或者装饰、超标准配置家具和电器……

第十六条　接待单位不得超标准接待，不得组织旅游和与公务活动无关的参观，不得组织到营业性娱乐、健身场所活动，不得安排专场文艺演出，不得以任何名义赠送礼金、有价证券、纪念品和土特产品等。

第二十条　各级党政机关应当将国内公务接待工作纳入问责范围。纪检监察机关应当加强对国内公务接待违规违纪行为的查处，严肃追究接待单位相关负责人、直接责任人的党纪责任、行政责任并进行通报，涉嫌犯罪的移送司法机关依法追究刑事责任。

第二十三条　……严禁扩大接待范围、增加接待项目，严禁以招商引资为名变相安排公务接待。

（二）定额标准

表 1—1　党政机关国内公务接待工作餐陪餐人数标准

接待对象人数	陪餐人数
≤ 10 人	≤ 3 人
> 10 人	≤ 接待对象人数的 1/3

（三）名词解释

国内公务：指出席会议、考察调研、执行任务、学习交流、检查指导、请示汇报工作等公务活动。

（四）适用范围

1.适用于各级党的机关、人大机关、行政机关、政协机关、审判机关、检察机关；

2.适用于工会、共青团、妇联等人民团体；

3.适用于参照公务员法管理事业单位；

4.国有企业、国有金融企业和不参照公务员法管理的事业单位参照执行。

规矩 1—3 《关于厉行节约反对食品浪费的意见》

（一）财务管理应关注的"不得""禁止"等红线及"罚则"

1.严禁党政机关向企事业单位转嫁公务活动用餐费用；

2.严禁以会议、培训等名义组织宴请或大吃大喝；

3.严禁设立"小金库"，党政机关、国有企事业单位公务活动用餐预算严格按照有关规定和标准执行。

（二）适用范围

1.适用于党政机关；

2.适用于国有企事业单位。

规矩 1—4 《机关事务管理条例》

（一）财务管理应关注的"不得""禁止"等红线及"罚则"

第十二条 ……不得挪用其他预算资金用于公务接待……

第三十二条 违反本条例规定，有下列情形之一的，由上级机关责令改正，并由任免机关或者监察机关对责任人员给予警告处分；情节较重的，给予记过或者记大过处分；情节严重的，给予降级或者撤职处分：（一）超预算、超标准开支公务接待费……，或者挪用其他预算资金用于公务接待……；（二）采购奢侈品、超标准的服务……

（二）适用范围

1.适用于各级人民政府及其部门；

2.其他国家机关和有关人民团体参照执行。

第二节　案例分析①

案例 1—1　国内公务接待预决算不规范

（一）基本事实

1. 2017 年，××部门所属××单位决算报表中少反映公务接待支出，涉及资金 3.8 万元；

2. 2016 年，××部门本级决算报表中少反映公务接待支出，涉及资金 42 万元；

3. 2014 年，××部门所属××单位超预算支出公务接待费，涉及资金 83.13 万元；

4. 2013 年，××部门所属××单位无预算支出公务接待费，涉及资金 45.6 万元。

（二）定性适用政策

1. 《党政机关厉行节约反对浪费条例》（2013 年 11 月）第七条，"……严格控制……公务接待费……等支出。年度预算执行中不予追加，因特殊需要确需追加的，由财政部门审核后按程序报批……"。

2. 《党政机关国内公务接待管理规定》（2013 年 12 月）第

---

① 选取的案例主要是 2012 年至 2019 年间的案例，适用于中央部门及所属单位。下同。

十二条，"各级党政机关应当加强对国内公务接待经费的预算管理，合理限定接待费预算总额。公务接待费用应当全部纳入预算管理，单独列示"。

3.《国务院办公厅关于对贯彻落实"约法三章"进一步加强督促检查的意见》（国办发〔2013〕105号），"……公费接待……只减不增……严格贯彻落实'三公'经费只减不增的要求……"。

4.《中华人民共和国预算法》（2015年1月）第十三条，"……支出必须以经批准的预算为依据，未列入预算的不得支出"；第七十五条，"编制决算草案，必须符合法律、行政法规，做到收支真实、数额准确、内容完整、报送及时……决算草案应当与预算相对应，按预算数、调整预算数、决算数分别列示……"。

5.《预算法实施条例》（国务院令第186号）① 第六十二条，"……预算支出，必须按照本级政府财政部门批复的预算科目和数额执行……"；第六十七条，"……在每一预算年度终了时，应当清理核实全年预算收入、支出数字和往来款项，做好决算数字的对账工作……"。

---

① 新《中华人民共和国预算法实施条例》于2020年8月3日由国务院令第729号修订，2020年8月20日发布。鉴于该书案例选取截止到2019年，故正文中仍使用国务院令第186号发布的原预算法实施案例的条款。下同。

（三）处理处罚和处分适用政策

1.《党政机关国内公务接待管理规定》（2013年12月）第二十条，"各级党政机关应当将国内公务接待工作纳入问责范围。纪检监察机关应当加强对国内公务接待违规违纪行为的查处，严肃追究接待单位相关负责人、直接责任人的党纪责任、行政责任并进行通报，涉嫌犯罪的移送司法机关依法追究刑事责任"。

2.《机关事务管理条例》（国务院令第621号）第三十二条，"违反本条例规定，有下列情形之一的，由上级机关责令改正，并由任免机关或者监察机关对责任人员给予警告处分；情节较重的，给予记过或者记大过处分；情节严重的，给予降级或者撤职处分：（一）超预算、超标准开支公务接待费……"。

案例 1—2 国内公务接待支出超范围

（一）基本事实

1. 2017年，××部门所属××单位在公务接待费中列支职工加班餐费等，涉及资金4.18万元；

2. 2014年，××部门本级在公务接待费中超范围列支本应由接待对象负担的差旅机票款，涉及资金71.93万元；

3. 2014年，××部门所属××单位在公务接待费中违规支付机场接待费，涉及资金2.32万元；

4. 2014年，××部门本级及所属××单位在公务接待费中列支各类餐费及与接待无关的会议室服务费等，涉及资金65.92万元。

（二）定性适用政策

1.《党政机关国内公务接待管理规定》（2013年12月）第八条，"国内公务接待不得在机场、车站、码头和辖区边界组织迎送活动……"；第十二条，"……公务接待费用应全部纳入预算管理，单独列示……禁止在接待费中列支应当由接待对象承担的差旅、会议、培训等费用……禁止借公务接待名义列支其他支出"。

2.《中华人民共和国预算法》（2015年1月）第十三条，"……支出必须以经批准的预算为依据，未列入预算的不得支出"。

3.《预算法实施条例》（国务院令第186号）第六十二条，"……预算支出，必须按照本级政府财政部门批复的预算科目和数额执行……"。

（三）处理处罚和处分适用政策

《党政机关国内公务接待管理规定》（2013年12月）第二十条，"各级党政机关应当将国内公务接待工作纳入问责范围。纪检监察机关应当加强对国内公务接待违规违纪行为的查处，严肃追究接待单位相关负责人、直接责任人的党纪责任、行政责任并进行通报，涉嫌犯罪的移送司法机关依法追究刑事责任"。

案例 1—3　国内公务接待人数超标

（一）基本事实

2014 年，×× 部门所属 ×× 单位在国内公务接待活动中，接待对象 6 人但陪餐人数超过 4 人，参与接待人数超过规定标准。

（二）定性适用政策

《党政机关国内公务接待管理规定》（2013 年 12 月）第八条，"……严格控制陪同人数，不得层层多人陪同"；第十条，"……接待对象在 10 人以内的，陪餐人数不得超过 3 人；超过 10 人的，不得超过接待对象人数的三分之一"。

（三）处理处罚和处分适用政策

《党政机关国内公务接待管理规定》（2013 年 12 月）第二十条，"各级党政机关应当将国内公务接待工作纳入问责范围。纪检监察机关应当加强对国内公务接待违规违纪行为的查处，严肃追究接待单位相关负责人、直接责任人的党纪责任、行政责任并进行通报，涉嫌犯罪的移送司法机关依法追究刑事责任"。

案例 1—4　国内公务接待违规高档消费

（一）基本事实

2016 年，×× 部门所属 ×× 单位在国内公务接待活动中，超出公务接待范围和规定，用现金支付 ×× 沐足服务有限公司足浴费 1885 元，用现金支付 ×× 健康休闲有限公司足浴费 2844 元，并以公务接待费报销。

（二）定性适用政策

1.《党政机关厉行节约反对浪费条例》（2013 年 11 月）第二十一条，"……不得在接待费中列支应当由接待对象承担的费用……"。

2.《党政机关国内公务接待管理规定》（2013 年 12 月）第六条，"……不得用公款报销或者支付应由个人负担的费用……"；第十二条，"……禁止借公务接待名义列支其他支出"；第十四条，"……接待费资金支付……具备条件的地方……不得以现金方式支付"；第十六条，"……不得组织到营业性娱乐、健身场所活动，……"。

3. 2018 年 1 月国家有关部门印发有关深入贯彻落实中央八项规定及实施细则精神规范和加强中央部门预算管理的文件要求，要严格执行各项经费开支范围和标准，严格支出报销审核，不得报销任何超范围、超标准以及与相关公务活动无关的费用。

4.《现金管理暂行条例》（国务院令第 12 号）第五条，结算起点（1000 元）以下的零星支出可使用现金。

（三）处理处罚和处分适用政策

1.《党政机关厉行节约反对浪费条例》（2013 年 11 月）第

六十一条，"……违反本条例规定，用公款支付、报销应由个人支付的费用，应当责令退赔"。

2.《党政机关国内公务接待管理规定》（2013 年 12 月）第二十条，"各级党政机关应当将国内公务接待工作纳入问责范围。纪检监察机关应当加强对国内公务接待违规违纪行为的查处，严肃追究接待单位相关负责人、直接责任人的党纪责任、行政责任并进行通报，涉嫌犯罪的移送司法机关依法追究刑事责任"。

案例 1—5　隐匿国内公务接待支出

（一）基本事实

1. 2015 年，××部门所属××单位违规在"办公费"科目中列支公务接待支出，涉及资金 25.96 万元；

2. 2015 年，××部门所属××单位未经批准在科研类项目经费中列支公务接待支出，涉及资金 1.23 万元；

3. 2013 年，××部门所属××单位使用房租收入直接冲抵公务接待支出，涉及资金 28.07 万元，并且有关收支均未在本单位法定账簿中进行核算；

4. 2013 年，××部门本级未经批准在项目经费中列支公务接待支出，涉及资金 16.91 万元；

5. 2013 年，××部门所属××单位虚列会议费支出，用于列支公务接待中的餐饮等费用，涉及资金 10.55 万元；

6. 2013 年，×× 部门本级虚列会议费支出，用于支付以前年度单位内部食堂公务接待的餐费支出，涉及资金 8.01 万元。

（二）定性适用政策

1.《党政机关厉行节约反对浪费条例》（2013 年 11 月）第二十一条，"……不得以举办会议、培训等名义列支、转移、隐匿接待费开支"。

2.《机关事务管理条例》（国务院令第 621 号）第十二条，"……政府各部门应当根据工作需要和机关运行经费预算制定公务接待费……支出计划，不得挪用其他预算资金用于公务接待……"。

3.《中华人民共和国预算法》（2015 年 1 月）第五十七条，"……支出必须按照预算执行，不得虚假列支"。

4.《预算法实施条例》（国务院令第 186 号）第六十二条，"……预算支出，必须按照本级政府财政部门批复的预算科目和数额执行……"。

5.《事业单位国有资产管理暂行办法》（财政部令第 36 号）第二十三条，"事业单位对外投资收益以及利用国有资产出租、出借和担保等取得的收入应当纳入预算，统一核算，统一管理……"。

6.《中央级事业单位国有资产管理暂行办法》（财教〔2008〕13 号）第二十二条，"中央级事业单位对外投资收益以及利用国有资产出租、出借等取得的收入应当纳入预算，统一核算，统一管理"。

7.《关于深化预算管理制度改革的决定》（国发〔2014〕45号），"……规范预算变更，各部门、各单位的预算支出应当按照预算科目执行。不同预算科目、预算级次或者项目间的预算资金需要调剂使用的，按照财政部的规定办理……"。

8.《中华人民共和国会计法》（2017年11月）第九条，"各单位必须根据实际发生的经济业务事项进行会计核算，填制会计凭证，登记会计账簿，编制财务会计报告。任何单位不得以虚假的经济业务事项或者资料进行会计核算"。

（三）处理处罚和处分适用政策

1.《机关事务管理条例》（国务院令第621号）第三十二条，"违反本条例规定，有下列情形之一的，由上级机关责令改正，并由任免机关或者监察机关对责任人员给予警告处分；情节较重的，给予记过或者记大过处分；情节严重的，给予降级或者撤职处分：（一）……挪用其他预算资金用于公务接待的……"。

2.《财政违法行为处罚处分条例》（国务院令第427号）第六条，"国家机关及其工作人员有下列违反规定使用、骗取财政资金的行为之一的，责令整改，调整有关会计账目，追回有关财政资金，限期退还违法所得。对单位给予警告或者通报批评。对直接负责的主管人员和其他直接责任人员给予记大过处分；情节较重的，给予降级或者撤职处分；情节严重的，给予开除处分……（二）截留、挪用财政资金……（五）其他违反规定使用、骗取财政资金的行为"。

案例 1—6　转嫁国内公务接待支出

（一）基本事实

2013 年，××部门本级实施公务接待活动，期间发生的公务接待费用转由该部门所属××单位列支，涉及资金 1.78 万元。

（二）定性适用政策

《党政机关国内公务接待管理规定》（2013 年 12 月）第十二条，"……禁止向下级单位及其他单位、企业、个人转嫁接待费用……"。

（三）处理处罚和处分适用政策

《党政机关国内公务接待管理规定》（2013 年 12 月）第二十条，"各级党政机关应当将国内公务接待工作纳入问责范围。纪检监察机关应当加强对国内公务接待违规违纪行为的查处，严肃追究接待单位相关负责人、直接责任人的党纪责任、行政责任并进行通报，涉嫌犯罪的移送司法机关依法追究刑事责任"。

案例 1—7　国内公务接待财务手续不规范

（一）基本事实

1. 2015 年，××部门所属××单位向本单位食堂以公务接待费名义拨付资金，未见相关派出单位公函等依据，涉及资金 10.07 万元；

2. 2014 年，××部门所属××单位国内公务接待费报销凭证中未按规定附接待清单等；

3. 2014 年，××部门本级实施的国内公务接待活动中，均无派出单位的公函，公务活动结束后也未严格按规定填写接待清单等；

4. 2014 年，××部门本级及所属××单位在无派出单位公函、接待清单不全的情况下，报销列支国内公务接待费，涉及资金 65.92 万元。

（二）定性适用政策

1.《党政机关厉行节约反对浪费条例》（2013 年 11 月）第二十条，"……对无公函的公务活动不予接待……"；第二十一条，"……建立国内公务接待清单制度，如实反映接待对象、公务活动、接待费用等情况。接待清单作为财务报销的凭证之一并接受审计"。

2.《党政机关国内公务接待管理规定》（2013 年 12 月）第五条，"……公务外出确需接待的，派出单位应当向接待单位发出公函，告知内容、行程和人员"；第七条，"……无公函的公务活动和来访人员一律不予接待。公务活动结束后，接待单位应当如实填写接待清单，并由相关负责人审签。接待清单包括接待对象的单位、姓名、职务和公务活动项目、时间、场所、费用等内容";第十四条,"接待费报销凭证应当包括财务票据、派出单位公函和接待清单"。

(三)处理处罚和处分适用政策

《党政机关国内公务接待管理规定》(2013年12月)第二十条,"各级党政机关应当将国内公务接待工作纳入问责范围。纪检监察机关应当加强对国内公务接待违规违纪行为的查处,严肃追究接待单位相关负责人、直接责任人的党纪责任、行政责任并进行通报,涉嫌犯罪的移送司法机关依法追究刑事责任"。

第三节 问题讨论[①]

讨论 1—1 公务接待是否可使用自有资金?

讨论这个问题,可以先看两个案例。第一个案例是,2014年××部门所属××单位使用自有资金超预算列支国内公务接待费33.49万元;第二个案例是,2018年××部门所属××单位在无公函、无接待清单的情况下,使用自有资金支付国内公务接待费28.81万元。在第一个案例中,关键

[①] "问题讨论"除特别说明外,一般适用于中央单位及其所属单位。下同。

词是"自有资金""超预算""国内公务接待"；在第二个案例中，关键词是"无公函""无接待清单""自有资金""国内公务接待"。

（一）"无公函""无接待清单""超预算"

根据《党政机关国内公务接待管理规定》（2013年12月）第七条，"……无公函的公务活动和来访人员一律不予接待"；第十二条，"……公务接待费用应当全部纳入预算管理，单独列示"；第十四条，"接待费报销凭证应当包括财务票据、派出单位公函和接待清单"等有关规定，在国内公务接待中出现"超预算""无公函""无接待清单"情况肯定是违反政策的。

（二）"纳入预算""自有资金"

除去"超预算""无公函""无接待清单"等明显违规的因素外，上述两个案例中均提到了"自有资金""国内公务接待"，也就是说用"自有资金"能否支付"国内公务接待"费用呢？编报部门预算时，"中央部门预算管理系统"中包括公务接待在内的"三公"经费来源可填列"财政拨款""财政拨款结转资金""教育收费安排支出"以及"其他资金"等。实际工作中，"其他资金"一般包括"自有资金"。从另一个角度说，即使允许使用自有资金用于公务接待，也必须遵守两个前提，即《党政机关国内公务接待管理规定》（2013年12月）第十二条，"……公务接待费用应当全部纳入预算管理，单独列示"以及《党政机关厉行节约反对浪费条例》（2013年11月）第四条，

"……应当遵循下列原则：坚持从严从简，勤俭办一切事业，降低公务活动成本……"等。

讨论 1—2 公务接待中如何正确把握"酒"?

（一）国内公务接待

在国内公务接待中，《党政机关国内公务接待管理规定》（2013 年 12 月）第十条，"……工作餐……不得提供……高档酒水……"；2018 年 1 月国家有关部门关于深入贯彻落实中央八项规定及实施细则精神规范和加强中央部门预算管理的有关规定中要求中央各部门除另有规定外，国内公务接待不得报销各类酒品费用。

（二）部分公务活动管理办法中对"酒"的规定

表 1—3 部分公务活动中对"酒"的规定

文件	文号	条目	对"酒"的规定
国家有关规定关于深入贯彻落实中央八项规定及实施细则精神规范和加强中央部门预算管理的有关规定	2018 年 1 月	××	该规定指出，中央部门除另有规定外，国内公务接待不得报销各类酒品费用
《中央和国家机关培训费管理办法》	财行〔2016〕540 号	第 14 条	"不得提供烟酒……"
《中央和国家机关会议费管理办法》	财行〔2016〕214 号	第 27 条	"不上烟酒……"

续表

文件	文号	条目	对"酒"的规定
《在华举办国际会议经费管理办法》	财行〔2015〕371号	第17条	"会议正式代表人均定额标准（含酒水及服务费用）为：……"
《因公临时出国经费管理办法》	财行〔2013〕516号	第12条	"出访用餐……不上……酒水……"
《党政机关国内公务接待管理规定》	2013年12月	第10条	"不得提供香烟和高档酒水……"

讨论 1—3　公务接待中如何准确把握"高档"酒水？

讨论这个问题，初步提供两个研究、把握的角度。

（一）从被纪检等部门通报的案例分析

2017年9月21日，《中国纪检监察报》在第一版刊登了题为《中央纪委公开曝光五起违反中央八项规定精神典型问题》的消息。该消息中通报的五起典型案例中主要是违规购置、报销、使用"高档"酒水。新闻报道中，也有一些基层纪检部门通报过违规购买、报销、使用"高档"酒水的案例，有的点名酒水的"品牌"。需要提醒的是，正确把握"高档"酒水问题，不能简单地推算纪检部门通报案例中的酒水单价来认定是否为"高档"酒水，也不能简单地认为不使用被纪检部门点名"品牌"的酒水就符合规定了；正确的做法是政策规定不能饮酒的公务接待，坚决不能饮酒；确实需要饮酒的公务接待，要在政策规定框架范围内结合具体公务接待的需要，本着厉行节约的原则从严把握比较妥当。

表 1—4　2017 年 9 月中央纪委公开曝光五起
违反中央八项规定精神典型案例

违规单位	违规情况
×× 省 ×× 市 ×× 区政府接待办	2013 年至 2016 年 8 月，购买高档酒水 2007 瓶 120 万元，其中大部分由党政主要负责同志在接待中使用。此外，还连续 3 年春节给区人大、区政协赠送高档白酒作慰问品。
×× 省 ×× 市 ×× 县接待办	2016 年 5—8 月，购买高档白酒 18 瓶 13440 元、红酒 12 瓶 6600 元、烟 4 条 2880 元，其中部分用于公务接待，费用全部以普通酒水发票进行报销。
×× 省 ×× 市 ×× 所	2017 年 1 月 9 日，为接待 ×× 省 ×× 局 ×× 处 ××× 一行，购买洋酒两瓶 2350 元。当晚聚餐饮用其中一瓶洋酒价值 1400 元，购酒款从职工食堂食材采购周转金中支出。
×× 市 ×× 区 ×× 校	2015 年 7—8 月，该校党委副书记、常务副校长赵 ××，个人批准该校食堂管理员用食堂资金，分两次购买高档白酒 4 箱 18240 元用于接待。
×× 省 ×× 州 ×× 县 ×× 局	2015 年 12 月，通过虚编会议记录及验收记录等方式，虚开制作宣传广告牌费用发票 6.59 万元，套取资金 6 万元购买高档白酒 48 瓶，用于党组会议的接待。

（二）从各级、各地出台的"公务接待"政策分析

一是，不少省份和行业已经出台了"禁酒令"，既然公务接待活动中禁酒了，也就无所谓酒水的高档与否了，除了公务接待中禁止饮酒，有的地方还明文规定禁止送酒，比如《贵州省公务活动全面禁酒的规定》中规定"一律禁止公款赠送任何酒类"。二是，有的地方对公务接待中的酒水做出明确的标准规定，比如《山东省党政机关国内公务接待管理办法补充规定》中规定"在公务陪餐时，午餐一律不用酒。晚餐原则上不用酒，

特殊情况用酒须经主管领导同意，可提供本地产低价位红酒，每瓶价格严格控制在 100 元以内，并注意控制用量，做好登记备案"；再比如《广西壮族自治区党政机关国内公务接待管理办法补充规定》中规定，"……工作餐不得提供香烟和高档酒水，中餐一律不准饮酒，确因工作需要，晚餐用酒必须经接待单位分管领导同意，并以当地酒水为主，标准不超过工作餐标准总额的三分之一"。三是，有的地方对公务接待中的酒水做出定性的规定，比如《山西省党政机关省内公务活动接待从简的规定》中指出，"接待省外来宾，可以安排工作餐一次，……使用本地产酒水饮料"；再比如《福建省党政机关国内公务接待管理办法省直机关实施细则》中指出，"……接待省外人员一般不饮酒，如确属工作需要，可上普通地产酒，并严格控制用量"；还有如《贵州省公务活动全面禁酒的规定》中指出，"重大外事活动和招商引资活动，确需提供酒类和饮酒的，须按一事一购买、一事一审批的原则，由承办单位报分管该单位或该项目的负责同志审批，同时报同级纪委备案。提供酒类的数量、标准等，要从严进行控制"等。

讨论 1—4 公务接待中是否要求被接待对象入住定点场所？

日常工作中，对于这个问题的咨询，也不是完全没有依据，因为在《关于进一步加强党政机关出差和会议定点管理工作的通知》（财行〔2012〕254号）中曾有"……中央党政机关工作人员出差应当到定点饭店住宿……"的规定；《党政机关国内公务接待管理规定》（2013年12月）第九条也有原则性规定，"接待住宿应当严格执行差旅、会议管理的有关规定，在定点饭店或者机关内部接待场所安排，执行协议价格……"。不过，从目前已经颁布的政策分析，这个问题已经非常明确了。

（一）公务接待中的会议接待应入住定点场所

根据《党政机关会议定点管理办法》（财行〔2015〕1号）第三条，"各级党政机关举办的会议，除采用电视电话、网络视频方式以及在本单位或本系统内部会议室、礼堂、宾馆、招待所、培训（会议）中心等举办的外，应当在会议定点场所召开"的规定；以及《中央和国家机关会议费管理办法》（财行〔2016〕214号）第十二条，"……各单位会议应当到定点会议场所召开……"的规定，会议必须在定点场所召开。

（二）公务接待中的公务差旅可以不入住定点场所

《中央和国家机关差旅费管理办法》（财行〔2013〕531号）第十四条已明确规定，"出差人员应当在职务职级对应的住宿费标准限额内，选择安全、经济、便捷的宾馆住宿"；《中央和国家机关差旅费管理办法有关问题的解答》（财办行〔2014〕90号）针对"对中央和国家机关工作人员出差是否还要入住定点饭店"又做出更加明确的答复，即"不要求出差人员必须入住定点饭店，从 2015 年起，财政部也不再组织招标采购出差的定点饭店"。

公务接待中，涉及会议的，应按照会议有关管理规定，入住定点场所；涉及公务差旅的，应按照差旅有关管理规定，可以不入住定点场所，但应严格遵守国家规定的住宿标准、等级。

讨论 1—5 公务接待中同行被接待乘车人是否均须交纳交通费？

日常工作中，有的出差干部咨询，"一个人出差时接待方派出一辆轿车接待，每使用半天，按标准交纳 40 元；如果两人出差，接待方也派出一辆轿车，2 人同时乘坐，每使用半天缴纳 40 元还是每个出差人均需要交纳 40 元？"其实，能提出这样的问题，是有"钻空子"的想法。按照规定，所有同行的被接待乘车人均应交纳交通费。

根据《中央和国家机关差旅费管理办法》（财行〔2013〕531 号）第二十一条，"出差人员由接待单位或其他单位提供交通工具的，应向接待单位或其他单位交纳相关费用"的规定，以及《关于规范差旅伙食费和市内交通费收交管理有关事项的通知》（财办行〔2019〕104 号）"二、出差人员出差期间按规定领取市内交通费。接待单位协助提供交通工具并有收费标准的，出差人员按标准交纳，最高不超过日市内交通费标准；没有收费标准的，每人每半天按照日市内交通费标准的 50% 交纳"的规定，每个出差人员只要出差报销时领取包干的市内交通费，就必须向接待单位交纳交通费用。

第二章　公务用车

◎ 《中国共产党纪律处分条例》（2018 年 8 月）

第九十条　借用管理和服务对象的钱款、住房、车辆等，影响公正执行公务，情节较重的，给予警告或者严重警告处分；情节严重的，给予撤销党内职务、留党察看或者开除党籍处分。

第九十九条　党员领导干部违反工作、生活保障制度，在交通、医疗、警卫等方面为本人、配偶、子女及其配偶等亲属和其他特定关系人谋求特殊待遇，情节较重的，给予警告或者严重警告处分；情节严重的，给予撤销党内职务或者留党察看处分。

第一百零七条　违反有关规定配备、购买、更换、装饰、使用公务交通工具或者有其他违反公务交通工具管理规定的行为，对直接责任者和领导责任者，情节较重的，给予警告或者严重警告处分；情节严重的，给予撤销党内职务或者留党察看处分。

◎ 2012 年以来涉及"公务用车"的重要制度政策

1.《党政机关厉行节约反对浪费条例》（2013 年 11 月）

2.《关于全面推进公务用车制度改革的指导意见》（2014年7月）

3.《中央和国家机关公务用车制度改革方案》（2014年7月）

4.《中央事业单位公务用车制度改革实施意见》（2015年12月）

5.《党政机关公务用车管理办法》（2017年12月）

6.《机关事务管理条例》（国务院令第621号）

第一节　管理红线和标准

规矩 2—1　《党政机关厉行节约反对浪费条例》

（一）财务管理应关注的"不得""禁止"等红线及"罚则"

第十条　……严格开支范围和标准，严格支出报销审核，不得报销任何超范围、超标准以及与相关公务活动无关的费用。

第二十五条　……不得以车改补贴的名义变相发放福利。

第二十六条　……不得以特殊用途等理由变相超编制、超标准配备公务用车，不得以任何方式换用、借用、占用下属单位或者其他单位和个人的车辆，不得接受企事业单位和个人赠送的车辆。……不得擅自扩大专车配备范围或者变相配备专车。执法执勤用车配备应当严格限制在一线执法执勤岗位，机关内部管理和后勤岗位以及机关所属事业单位一律不得配备。

第二十七条　……公务用车严格按照规定年限更新，已到更新年限尚能继续使用的应当继续使用，不得因领导干部职务晋升、调任等原因提前更新。

第二十九条　……严禁以任何理由挪用或者固定给个人使用执法执勤、机要通信等公务用车，领导干部亲属和身边工作人员不得因私使用配备给领导干部的公务用车。

第五十八条　有下列情形之一的，追究相关人员的责任：（一）未经审批列支财政性资金的；（二）采取弄虚作假等手段违规取得审批的；（三）违反审批要求擅自变通执行的；（四）违反管理规定超标准或者以虚假事项开支的；（五）利用职务便利假公济私的；（六）有其他违反审批、管理、监督规定行为的。

第五十九条　有下列情形之一的，追究主要负责人或者有关领导干部的责任：（一）本地区、本部门、本单位铺张浪费、奢侈奢华问题严重，对发现的问题查处不力，干部群众反映强烈的；（二）指使、纵容下属单位或者人员违反本条例规定造成浪费的；（三）不履行内部审批、管理、监督职责造成浪费的；（四）不按规定及时公开本地区、本部门、本单位有关厉行节约反对浪费工作信息的；（五）其他对铺张浪费问题负有领导责任的。

第六十条　违反本条例规定造成浪费的，根据情节轻重，由有关部门依照职责权限给予批评教育、责令作出检查、诫勉谈话、通报批评或者调离岗位、责令辞职、免职、降职等处理。应当追究党纪政纪责任的，依照《中国共产党纪律处分条例》、《行政机关公务员处分条例》等有关规定给予相应的党纪政纪处分。涉嫌违法犯罪的，依法追究法律责任。

第六十一条　违反本条例规定获得的经济利益，应当予以收缴或者纠正。违反本条例规定，用公款支付、报销应由个人支付的费用，应当责令退赔。

（二）适用范围

1.适用于党的机关、人大机关、行政机关、政协机关、审判机关、检察机关；

2.适用于工会、共青团、妇联等人民团体；

3.适用于参照公务员法管理的事业单位；

4.国有企业、国有金融企业、不参照公务员法管理的事业单位参照执行。

规矩 2—2 《关于全面推进公务用车制度改革的指导意见》

（一）财务管理应关注的"不得""禁止"等红线及"罚则"

1.地方公务交通补贴标准不得高于中央和国家机关补贴标准的130%。

2.边疆民族地区和其他边远地区标准不得高于中央和国家机关补贴标准的150%。

3. 同一省（自治区、直辖市）内不同地区补贴标准差距不得超过 20%。

4. 按照在编在岗公务员数量和职级核定补贴数额，严格公务交通补贴发放，不得擅自扩大补贴范围、提高补贴标准。

5. 不得以特殊用途等理由变相超编制、超标准配备公务用车。

6. 不得以任何方式换用、借用、占用下属单位或其他单位和个人的车辆。

7. 不得接受企事业单位和个人赠送的车辆。

8. 不得以任何理由违反用途使用或固定给个人使用执法执勤、机要通信等公务用车。

9. 不得以公务交通补贴名义变相发放福利。

10. 不得既领取公务交通补贴、又违规乘坐公务用车。

（二）适用范围

1. 适用于党政机关，包括各级党委、人大、政府、政协、审判、检察机关；

2. 适用于各民主党派和工商联；

3. 适用于参照公务员法管理的人民团体、群众团体、事业单位。

规矩 2—3 《中央和国家机关公务用车制度改革方案》

（一）财务管理应关注的"不得""禁止"等红线及"罚则"

1. 对参改的司局级及以下工作人员适度发放公务交通补

贴，自行选择公务出行方式，在北京市行政区域（城区）内公务出行不再报销公务交通费用。

2.对未参改单位和人员，不得发放公务交通补贴。

3.按照在编在岗公务员数量和职级核定补贴数额，严格公务交通补贴发放，不得擅自扩大补贴人员范围、提高补贴标准。

5.各部门各单位不得以特殊用途等理由变相超编制、超标准配备公务用车。

6.不得以任何方式换用、借用、占用下属单位或其他单位和个人的车辆。

7.不得接受企事业单位和个人赠送的车辆。

8.不得以任何理由违反用途使用或固定给个人使用执法执勤、机要通信等公务用车。

9.不得以交通补贴名义变相发放福利。

10.不得既领取公务交通补贴，又违规乘坐公务用车。

（二）标准定额

表2—1　中央和国家机关各职级工作人员公务交通补贴标准

级别	公务交通补贴标准（元／月）	备注
司局级	1300	各单位可根据实际情况，从公务交通补贴中划出一定比例作为单位统筹部分，集中用于解决不同岗位之间公务出行不均衡等问题，比例原则上不超过补贴总额的10%
处级	800	
科级及以下	500	

（三）适用范围

1.机构范围：中央纪委机关和中央各部门，全国人大机关，国务院各部门，全国政协机关，最高人民法院，最高人民检察院，各人民团体、群众团体，各民主党派中央、全国工商联，中央和国家机关所属参公事业单位；

2.人员范围：在编在岗的司局级及以下工作人员；

3.车辆范围：取消一般公务用车，保留必要的机要通信、应急、特种专业技术用车和符合规定的一线执法执勤岗位车辆及其他车辆。

规矩 2—4 《中央事业单位公务用车制度改革实施意见》

（一）财务管理应关注的"不得""禁止"等红线及"罚则"

1.各参改事业单位要确保改革后公务交通费用支出低于改革前支出，不能因此增加财政预算支出。

2.将应改单位和符合参改条件人员全部纳入改革范围，从严核定保留车辆，从紧确定公务交通费用报销额度或公务交通补贴标准，不开口子，不留后门，坚决避免违规配备使用公务用车现象。

3.各部门所属事业单位，取消一般公务用车……在确保本单位节支的前提下，对参改人员采取报销公务交通费用、发放公务交通补贴或其他符合规定的社会化方式等保障其公务活动出行。

4.各部门所属事业单位……不得既发放公务交通补贴又报

销公务交通费用……避免普遍发放交通补贴或允许限额报销的福利化改革倾向。

5.各部门所属事业单位……不得在公车改革过程中新增车辆……不得借车改名义新增车辆。

6.各部门所属事业单位主要负责人应当纳入改革范围,改革后原则上不再配备工作用车。原配有符合规定标准工作用车,确因工作需要保留,应当经本单位职代会或党委会同意,报主管部门批准;其本人不得再领取公务交通补贴或报销公务交通费用等。

7.不得变相超编制、超标准配备公务用车,不得以任何方式换用、借用、占用下属单位或其他单位和个人的车辆,不得向其他单位和个人提供车辆,不得以各种名义占用特种专业技术用车等定向化保障的车辆或长期租用车辆变相作为个人固定用车,不得既领取公务交通补贴,又违规乘坐公务用车或报销公务交通费用。

(二)适用范围

1.单位范围:党中央、国务院直属非参照公务员法管理的事业单位,以及中央和国家机关各部门各单位所属非参照公务员法管理的各级各类事业单位;

2.人员范围:所有原符合公务用车配备条件的岗位和人员,目前按照报销公务交通费用保障公务出行的岗位和人员原则上维持现有方式。其中,执行企业会计制度的中央事业单位、中央企业所属事业单位可按照本意见要求实施改革，也可参照中央企业公务用车制度改革有关规定实施改革。

规矩 2—5 《党政机关公务用车管理办法》

（一）财务管理应关注的"不得""禁止"等红线及"罚则"

第七条　公务用车配备新能源轿车的，价格不得超过18万元。

第十四条　……党政机关原则上不配备越野车。确因工作需要，按照程序报批后，可以适当配备国产越野车。越野车不得作为领导干部固定用车。

第十五条　……不得将公务用车登记在下属单位、企业或者个人名下。

第十六条　……严禁公车私用、私车公养，不得既领取公务交通补贴又违规使用公务用车。

第二十六条　党政机关有下列情形之一的，依纪依法追究相关人员责任：（一）超编制、超标准配备公务用车的；（二）违反规定将公务用车登记在下属单位、企业或者个人名下的；（三）公车私用、私车公养，或者既领取公务交通补贴又违规使用公务用车的；（四）换用、借用、占用下属单位或者其他单位和个人的车辆，或者擅自接受企事业单位和个人赠送车辆的；（五）挪用或者固定给个人使用执法执勤、机要通信等公务用车的；（六）为公务用车增加高档配置或者豪华内饰的；（七）在车辆维修等费用中虚列名目或者夹带其他费用，为非本单位车辆报销运行维护费用的；（八）违规处置公务用车的；（九）有其他违反公务用车配备使用管理规定行为的。

（二）定额标准

表 2—2　党政机关公务用车配备标准

公务用车类型	一般情况（万元、升）			特殊情况（万元、升）			更新年限（年）	备注
	价格	排气量	车型	价格	排气量	车型		
机要通信用车	＜ 12	≤ 1.6	轿车或其他小型客车	—	—	—	8	1.执法执勤用车，因工作需要，可配备价格 18 万元以内，排气量 1.8 升（含）以下的轿车或者其他小型客车 2.公务用车配备新能源轿车的，价格不得超过 18 万元
应急保障用车	＜ 18	≤ 1.8		＜ 25	≤ 3.0	其他小型客车、中型客车或价格 45 万元以内的大型客车		
执法执勤用车	＜ 12	≤ 1.6						
特种专业技术用车	由有关部门会同财政部门按照保障工作需要、厉行节约的原则确定							
其他按规定配备的公务用车	—	—	—	—	—	—		

（三）适用范围

1.适用于党的机关、人大机关、行政机关、政协机关、监察机关、审判机关、检察机关；

2.适用于工会、共青团、妇联等人民团体；

3.适用于参照公务员法管理的事业单位；

4.适用于中央和国家机关所属垂直管理机构、派出机构；

5.适用于各民主党派机关公务用车；

6.不参照公务员法管理的事业单位公务用车，按照本办法的原则管理。

规矩 2—6 《机关事务管理条例》

（一）财务管理应关注的"不得""禁止"等红线及"罚则"

第十二条 ……不得挪用其他预算资金用于……公务用车购置和运行……

第二十五条 政府各部门……不得超编制、超标准配备公务用车或者超标准租用车辆，不得为公务用车增加高档配置或者豪华内饰，不得借用、占用下级单位和其他单位的车辆，不得接受企业事业单位和个人捐赠的车辆。

第三十二条 违反本条例规定，有下列情形之一的，由上级机关责令改正，并由任免机关或者监察机关对责任人员给予警告处分；情节较重的，给予记过或者记大过处分；情节严重的，给予降级或者撤职处分：（一）超预算、超标准开支……

公务用车购置和运行费……或者挪用其他预算资金用于……公务用车购置和运行……（四）超编制、超标准配备公务用车或者超标准租用车辆，或者为公务用车增加高档配置、豪华内饰，或者借用、占用下级单位、其他单位车辆，或者接受企业事业单位、个人捐赠车辆的……

（二）适用范围

1.适用于各级人民政府及其部门；

2.其他国家机关和有关人民团体参照执行。

第二节　案例分析

案例 2—1　公务用车配置无预算

（一）基本事实

1.2018 年，×× 部门所属 ×× 单位在未编制公务用车购置预算的情况下，购置 1 辆公务用车，涉及资金 17.95 万元；

2.2018 年，×× 部门本级及所属 11 个单位在无公务用车购置预算的情况下，支出 519.17 万元用于购置公务用车。

（二）定性适用政策

1.《党政机关公务用车管理办法》（2017 年 12 月）第十条，"财政部门根据年度公务用车配备更新计划，按照预算管理有关规定统筹安排购置经费，列入公务用车主管部门预算"。

2.《中华人民共和国预算法》（2015 年 1 月）第十三条，
"……支出必须以经批准的预算为依据，未列入预算的不得
支出"。

（三）处理处罚和处分适用政策

《机关事务管理条例》（国务院令第 621 号）第三十二条，
"违反本条例规定，有下列情形之一的，由上级机关责令改正，
并由任免机关或者监察机关对责任人员给予警告处分；情节较
重的，给予记过或者记大过处分；情节严重的，给予降级或者
撤职处分：（一）超预算、超标准开支……公务用车购置和运
行费……，或者挪用其他预算资金用于……公务用车购置和运
行……"。

案例 2—2 公务用车配置超编制

（一）基本事实

1. 2018 年，××部门所属××单位超本单位公务用车编
制，配备公务用车 7 辆；

2. 2018 年，××部门所属××单位超本单位公务用车编
制，使用公务用车 13 辆；

3. 2018 年，××部门本级超本单位公务用车编制，使用
公务用车 2 辆；

4. 2018 年，××部门本级及所属××单位以前年度超标

准或编制外购买的 40 辆公务用车，仍作为一般公务用车由所属 ×× 单位使用，未按规定报主管部门审批；

5. 2017 年，×× 部门所属 ×× 单位擅自批准下属 8 家单位超编制保留公务用车 17 辆；

6. 2017 年，×× 部门未按规定将已退休领导于当年 4 月交还的 1 辆公务用车上交原配车部门，将该车自行安排用于机要通信等公务活动，造成公务用车超编制。

（二）定性适用政策

1.《党政机关厉行节约反对浪费条例》（2013 年 11 月）第二十六条，"……不得以特殊用途等理由变相超编制、超标准配备公务用车"。

2.《关于全面推进公务用车制度改革的指导意见》（2014 年 7 月），"……党政机关不得以特殊用途等理由变相超编制、超标准配备公务用车……"。

3.《中央和国家机关公务用车制度改革方案》（2014 年 7 月），"……中央和国家机关各部门各单位根据编制总量和工作性质可保留 5 辆以内的机要通信、应急公务用车，由公务用车主管部门实行编制管理……各单位各部门不得以特殊用途等理由变相超编制、超标准配备公务用车……"。

4.《中央事业单位公务用车制度改革实施意见》（2015 年 12 月），"……各部门机关本级的机关服务部门可保留 1 至 2 辆后勤服务用车……不得在公车改革过程中新增车辆……不得借车改名义新增车辆……不得变相超编制、超标准配备公务用车"。

5.《党政机关公务用车管理办法》（2017 年 12 月）第六条，"党政机关公务用车实行编制管理。车辆编制根据机构设置、人员编制和工作需要等因素确定"。

6.《机关事务管理条例》（国务院令第 621 号）第二十五条，"政府各部门应当严格执行公务用车编制……，不得超编制、超标准配备公务用车……"。

7.《在京中央和国家机关公务用车指标管理办法》（国管资〔2011〕167 号）第九条，"各部门及其所属在京行政事业单位应当严格执行公务用车指标管理规定，不得提供虚假申请材料和信息，不得伪造、涂改公务用车更新证明和调拨凭证，不得通过参加北京市小客车指标摇号方式购置公务用车"。

（三）处理处罚和处分适用政策

1.《党政机关公务用车管理办法》（2017 年 12 月）第二十六条，"党政机关有下列情形之一的，依纪依法追究相关人员责任：（一）超编制、超标准配备公务用车的……"。

2.《机关事务管理条例》（国务院令第 621 号）第三十二条，"违反本条例规定，有下列情形之一的，由上级机关责令改正，并由任免机关或者监察机关对责任人员给予警告处分；情节较重的，给予记过或者记大过处分；情节严重的，给予降级或者撤职处分：……（四）超编制、超标准配备公务用车的……"。

案例 2—3 公务用车配置超标准

（一）基本事实

1. 2017 年，××部门购买的公务用车中有 3 辆车辆分别在车型、价格、排气量方面超过规定的标准；

2. 2016 年，××部门所属××单位在公务用车改革后，以工作特殊需要为由擅自超标准配备 3 辆公务用车；

3. 2016 年，××部门所属××单位违规为本单位在用公务用车做超标准的豪华装饰、增加豪华配置，涉及资金 5.6 万元。

（二）定性适用政策

1.《党政机关厉行节约反对浪费条例》（2013 年 11 月）第二十六条，"……不得以特殊用途等理由变相超编制、超标准配备公务用车"。

2.《关于全面推进公务用车制度改革的指导意见》（2014 年 7 月），"……党政机关不得以特殊用途等理由变相超编制、超标准配备公务用车……"。

3.《中央和国家机关公务用车制度改革方案》（2014 年 7 月），"……各单位各部门不得以特殊用途等理由变相超编制、超标准配备公务用车……"。

4.《中央事业单位公务用车制度改革实施意见》（2015 年 12 月），"……不得变相超编制、超标准配备公务用车"。

5.《党政机关公务用车管理办法》[①]（2017 年 12 月）第五条，"党政机关公务用车……根据职责实行统一编制、统一标准……"；第七条，"党政机关配备公务用车应当严格执行以下标准：（一）机要通信用车配备价格 12 万元以内、排气量 1.6 升（含）以下的轿车或者其他小型客车。（二）应急保障用车和其他按照规定配备的公务用车配备价格 18 万元以内、排气量 1.8 升（含）以下的轿车或者其他小型客车。确因情况特殊，可以适当配备价格 25 万元以内、排气量 3.0 升（含）以下的其他小型客车、中型客车或者价格 45 万元以内的大型客车。（三）执法执勤用车配备价格 12 万元以内、排气量 1.6 升（含）以下的轿车或者其他小型客车，因工作需要可以配备价格 18 万元以内、排气量 1.8 升（含）以下的轿车或者其他小型客车。确因情况特殊，可以适当配备价格 25 万元以内、排气量 3.0 升（含）以下的其他小型客车、中型客车或者价格 45 万元以

---

① 上述部分案例适用 2011 年颁布的《党政机关公务用车配备使用管理办法》，该办法对公务用车标准也有明确规定，即第六条，"党政机关应配备使用国产汽车。对自主品牌和自主创新的新能源汽车，可以实行政府优先采购"；第七条，"党政机关配备公务用车应当严格执行以下标准：（一）一般公务用车配备排气量 1.8 升（含）以下、价格 18 万元以内的轿车，其中机要通信用车配备排气量 1.6 升（含）以下、价格 12 万元以内的轿车……"；（二）执法执勤用车除涉及国家安全、侦查办案、应急救援、警卫和特殊地理环境等因素外，依照一般公务车标准配备"；第八条，"党政机关原则上不配备越野车。确因地理环境和工作性质特殊的，可以适当配备国产越野车……"；第十七条，"……严禁为公务用车增加高档配置或者豪华内饰……"。

内的大型客车。(四)特种专业技术用车配备标准由有关部门会同财政部门按照保障工作需要、厉行节约的原则确定。公务用车配备新能源轿车的，价格不得超过18万元……"；第十三条，"党政机关应当配备使用国产汽车，带头使用新能源汽车，按照规定逐步扩大新能源汽车配备比例"；第十四条，"党政机关原则上不配备越野车。确因工作需要，按照程序报批后，可以适当配备国产越野车……"。

6.《机关事务管理条例》(国务院令第621号)第二十五条，"政府各部门……不得超编制、超标准配备公务用车……"。

(三)处理处罚和处分适用政策

1.《党政机关厉行节约反对浪费条例》(2013年11月)第五十八条，"有下列情形之一的，追究相关人员的责任：……(四)违反管理规定超标准或者以虚假事项开支的……"。

2.《党政机关公务用车管理办法》(2017年12月)第二十六条，"党政机关有下列情形之一的，依纪依法追究相关人员责任：(一)超编制、超标准配备公务用车的……(六)为公务用车增加高档配置或者豪华内饰的……"。

3.《机关事务管理条例》(国务院令第621号)第三十二条，"违反本条例规定，有下列情形之一的，由上级机关责令改正，并由任免机关或者监察机关对责任人员给予警告处分；情节较重的，给予记过或者记大过处分；情节严重的，给予降级或者撤职处分：……(四)超编制、超标准配备公务用车……"。

案例 2—4　公务用车未登记公示和单车核算

（一）基本事实

1.2018 年，×× 部门所属 ×× 单位未按规定实行公务用车油耗、运行费用的单车核算，公务用车信息登记、记录保管也不完整；

2.2018 年，×× 部门本级对公务用车使用情况未按规定进行公示，涉及资金 33.04 万元；

3.2017 年，×× 部门本级公务用车改革后保留的 1 辆机要通信用车未按规定登记该车出车记录等台账；

4.2017 年，×× 部门本级公务用车管理未按规定实行单车核算，其中 1 辆公务用车未纳入统一管理；

5.2015 年至 2017 年 10 月，×× 部门所属 ×× 单位办理加油卡未绑定公务车辆，加油记录不完整，涉及资金 14.74 万元。

（二）定性适用政策

1.《党政机关公务用车管理办法》（2017 年 12 月）第二十条，"党政机关应当建立健全公务用车适用管理制度，严格执行，加强监督，降低运行成本。严格公务用车使用时间、事由、地点、里程、油耗、费用等信息登记和公示制度……健全公务用车油耗、运行费用单车核算制度……"。

2.《机关事务管理条例》（国务院令第 621 号）第二十六条，

"政府各部门应当对公务用车实行集中管理、统一调度，并建立健全公务用车使用登记和统计报告制度。政府各部门应当对公务用车的油耗和维修保养费用实行单车核算"。

3.《中央和国家机关公务用车耗油定额标准（试行）》（国管资〔2009〕28号）第四条，"各部门、各单位应当根据本标准，加强单车核算和油耗统计，建立健全耗油公示制度和奖惩制度"。

（三）处理处罚和处分适用政策

《党政机关公务用车管理办法》（2017年12月）第二十六条，"党政机关有下列情形之一的，依纪依法追究相关人员责任：……（九）有其他违反公务用车配备使用管理规定行为的"。

案例 2—5 公务用车运维费超支

（一）基本事实

1.2018年，××部门所属××单位超预算支出公务用车运行维护费，涉及资金110.96万元；

2.2018年，××部门本级未及时处置公务用车2辆，且多报公务用车运行维护费预算10万元，多支出公务用车运行维护费4.15万元；

3.2017年，××部门所属××单位未严格落实公务用车改革要求，公务交通费支出超出公务用车改革前公务交通费49.10万元。

（二）定性适用政策

1.《党政机关厉行节约反对浪费条例》（2013 年 11 月）第七条，"……严格控制……公务用车购置及运行费……等支出。年度预算执行中不予追加，因特殊需要确需追加的，由财政部门审核后按程序报批……"。

2.《关于全面推进公务用车制度改革的指导意见》（2014年 7 月），"……通过改革，切实实现公务出行便捷合理、交通费用节约可控……"。

3.《中央事业单位公务用车制度改革实施意见》（2015 年12 月），"……确保改革后公务交通费用支出低于改革前支出，不能因此增加财政预算支出……"。

4.《党政机关公务用车管理办法》（2017 年 12 月）第二十条，"党政机关应当建立健全公务用车适用管理制度，严格执行，加强监督，降低运行成本……"。

5.《机关事务管理条例》（国务院令第 621 号）第十二条，"……政府各部门应当根据工作需要和机关运行经费预算制定……公务用车购置和运行费……支出计划，不得挪用其他预算资金用于……公务用车购置和运行……"。

6.《国务院办公厅关于对贯彻落实"约法三章"进一步加强督促检查的意见》（国办发〔2013〕105 号），"……公费购车只减不增……严格贯彻落实'三公'经费只减不增的要求……"。

7.《中华人民共和国预算法》（2015 年 1 月）第十三条，"……支出必须以经批准的预算为依据，未列入预算的不得支出"。

8.《预算法实施条例》（国务院令第 186 号）第六十二条，"……预算支出，必须按照本级政府财政部门批复的预算科目和数额执行……"。

（三）处理处罚和处分适用政策

《机关事务管理条例》（国务院令第 621 号）第三十二条，"违反本条例规定，有下列情形之一的，由上级机关责令改正，并由任免机关或者监察机关对责任人员给予警告处分；情节较重的，给予记过或者记大过处分；情节严重的，给予降级或者撤职处分：（一）超预算、超标准开支……公务用车购置和运行费的……"。

案例 2—6 公务用车运维费支出不规范

（一）基本事实

1.2017 年，××部门所属××单位在非定点机构进行车辆补胎、更换电瓶等维修服务，涉及资金 10.95 万元；

2.近些年，××部门所属××单位为 2 辆执法执勤车辆更换轮胎 10 条，实际支付 15 条轮胎费用，多支付 5 条轮胎费用，涉及资金 1.02 万元。

（二）定性适用政策

1.《党政机关厉行节约反对浪费条例》（2013 年 11 月）第二十七条，"……公务用车保险、维修、加油等实行政府采购，降低运行成本"。

2.《党政机关公务用车管理办法》（2017 年 12 月）第二十条，"党政机关应当建立健全公务用车适用管理制度，严格执行，加强监督，降低运行成本……实行公务用车保险、维修、加油政府集中采购和定点保险、定点维修、定点加油制度……"。

3.《机关事务管理条例》（国务院令第 621 号）第二十六条，"政府各部门应当对公务用车实行集中管理、统一调度，并建立健全公务用车使用登记和统计报告制度。政府各部门应当对公务用车的油耗和维修保养费用实行单车核算"。

4.《中华人民共和国会计法》（2017 年 11 月）第九条，"……任何单位不得以虚假的经济业务事项或者资料进行会计核算"。

（三）处理处罚和处分适用政策

《党政机关公务用车管理办法》（2017 年 12 月）第二十六条，"党政机关有下列情形之一的，依纪依法追究相关人员责任：……（七）在车辆维修等费用中虚列名目或者夹带其他费用，为非本单位车辆报销运行维护费用的……（九）有其他违反公务用车配备使用管理规定行为的"。

案例 2—7 违规报销停车费

（一）基本事实

1. 2017 年，××部门本级部分公务用车未按规定回单位停放，报销在外停车费用，涉及资金 9.18 万元；

2. 2013—2016 年，××部门所属××单位为部分人员报销本应由个人承担的停车费用，涉及资金 5.78 万元。

（二）定性适用政策

《党政机关公务用车管理办法》（2017 年 12 月）第二十条，"党政机关应当建立健全公务用车适用管理制度，严格执行，加强监督，降低运行成本……严格执行（公务用车）回单位或者其他指定地点停放制度……"。

（三）处理处罚和处分适用政策

1.《党政机关厉行节约反对浪费条例》（2013 年 11 月）第六十一条，"违反本条例规定获得的经济利益，应当予以收缴或者纠正。违反本条例规定，用公款支付、报销应由个人支付的费用，应当责令退赔"。

2.《党政机关公务用车管理办法》（2017 年 12 月）第二十六条，"党政机关有下列情形之一的，依纪依法追究相关人员责任：……（七）在车辆维修等费用中虚列名目或者夹带其他费用，为非本单位车辆报销运行维护费用的……（九）有其他违反公务用车配备使用管理规定行为的"。

案例 2—8　公务用车处置收益不上缴

（一）基本事实

1. 2018 年，×× 部门所属 ×× 单位公务用车处置收益未按规定及时上缴国库，涉及资金 41.48 万元；

2. 2017 年，×× 部门本级公务用车处置收益未按规定及时上缴国库，涉及资金 11.5 万元。

（二）定性适用政策

1.《党政机关公务用车管理办法》（2017 年 12 月）第二十二条，"……公务用车按规定更新后，可以采取拍卖、厂家回收、报废等方式规范处置旧车。处置收入按照非税收入有关规定管理"。

2.《中央和国家机关公务用车制度改革方案》（2014 年 7 月），"……对取消的公务用车，由公务用车主管部门统一规范处置……处置公务用车所得收入，扣除有关税费后全部上缴中央国库……"。

3.《中央事业单位公务用车制度改革实施意见》（2015 年 12 月），"……各部门所属事业单位取消的车辆……处置收入按事业单位有关财务管理制度进行管理和核算……"。

4.《行政单位国有资产管理暂行办法》（财政部令第 35 号）第三十三条，"行政单位国有资产处置的变价收入和残值收入，按照政府非税收入管理的规定，实行'收支两条线'管理"。

5.《事业单位国有资产管理暂行办法》（财政部令第 36 号）第二十九条，"事业单位国有资产处置收入属于国家所有，应当按照政府非税收入管理的规定，实行'收支两条线'管理"。

6.《中央级事业单位国有资产管理暂行办法》（财教〔2008〕13 号）第二十八条，"中央级事业单位国有资产处置收入属于国家所有，应当按照政府非税收入管理和财政国库收缴管理的规定上缴中央财政，实行'收支两条线'管理"。

7.《中央行政单位国有资产处置收入和出租出借收入管理暂行办法》（财行〔2009〕400 号）第六条，"国有资产处置收入上缴中央国库，纳入预算……"。

（三）处理处罚和处分适用政策

1.《党政机关公务用车管理办法》（2017 年 12 月）第二十六条，"党政机关有下列情形之一的，依纪依法追究相关人员责任：……（八）违规处置公务用车的；（九）有其他违反公务用车配备使用管理规定行为的"。

2.《财政违法行为处罚处分条例》（国务院令第 427 号）第四条，"财政收入执收单位及其工作人员有下列违反国家财政收入上缴规定的行为之一的，责令改正，调整有关会计账目，收缴应当上缴的财政收入，限期退还违法所得。对单位给予警告或者通报批评。对直接负责的主管人员和其他直接责任人员给予记大过处分；情节较重的，给予降级或者撤职处分；情节严重的，给予开除处分：（一）隐瞒应当上缴的财政收入；

（二）滞留、截留、挪用应当上缴的财政收入；（三）坐支应当上缴的财政收入；……"。

案例 2—9 公务用车权属不清

（一）基本事实

1. 2016 年，××部门本级固定资产账登记的 25 辆公务用车，产权却登记在该部门所属××单位；

2. 截至 2016 年底，××部门所属××单位的 2 辆公务用车，产权却均登记在该部门本级；

3. 2015—2018 年，××部门本级在公务用车编制外，多保留了 2 辆公务用车，其中 1 辆于 2016 年做报废处理，1 辆在 2016 年批复为该部门所属××单位用车，但车辆资产归属和实际使用仍在该部门本级。

（二）定性适用政策

1.《党政机关公务用车管理办法》（2017 年 12 月）第十五条，"除涉及国家安全、侦查办案等有保密要求的特殊工作用车外，党政机关公务用车产权注册登记所有人应当为本机关法人，不得将公务用车登记在下属单位、企业或者个人名下"。

2.《关于进一步规范和加强行政事业单位国有资产管理的指导意见》（财资〔2015〕90 号），"……（十四）各级主管部门和行政事业单位应当加强资产使用管理……做到账实相符、账账相符、账卡相符……"。

3.《中华人民共和国会计法》（2017 年 11 月）第九条，"各单位根据实际发生的经济业务事项进行会计核算，填制会计凭证，登记会计账簿，编制财务会计报告。任何单位不得以虚假的经济业务事项或者资料进行会计核算"；第十七条，"各单位应当定期将会计账簿记录与实物、款项及有关资料相互核对，保证会计账簿记录与实物及款项的实有数额相符、会计账簿记录与会计凭证的有关内容相符、会计账簿之间相对应的记录相符、会计账簿记录与会计报表的有关内容相符"。

（三）处理处罚和处分适用政策

《党政机关公务用车管理办法》（2017 年 12 月）第二十六条，"党政机关有下列情形之一的，依纪依法追究相关人员责任：……（二）违反规定将公务用车登记在下属单位、企业或者个人名下的……（九）有其他违反公务用车配备使用管理规定行为的"。

案例 2—10 公务用车账目不规范

（一）基本事实

1.截至 2018 年底，××部门本级 32 辆公务用车已上交、报废或调走，但未及时调减相关会计账，涉及金额 772.04 万元；

2.截至 2018 年底，××部门本级未将 2013 年采购的 45 辆专用车辆计入固定资产台账，涉及金额 1957.94 万元；

3.截至 2018 年底，××部门本级有 1 辆公务用车未及时记固定资产台账和会计账，2 辆已上交公务用车未及时对会计账做销账处理；

4.截至 2018 年底，×× 部门本级交通运输类固定资产账实不符，涉及车辆 8 辆，涉及金额 190.84 万元；

5.截至 2017 年底，×× 部门本级 18 辆合计价值 526.38 万元的公务用车未登记或核销固定资产台账或会计账。

（二）定性适用政策

1.《关于进一步规范和加强行政事业单位国有资产管理的指导意见》（财资〔2015〕90 号），"……（十四）各级主管部门和行政事业单位应当加强资产使用管理……做到账实相符、账账相符、账卡相符……"。

2.《中华人民共和国会计法》（2017 年 11 月）第九条，"各单位根据实际发生的经济业务事项进行会计核算，填制会计凭证，登记会计账簿，编制财务会计报告。任何单位不得以虚假的经济业务事项或者资料进行会计核算"；第十七条，"各单位应当定期将会计账簿记录与实物、款项及有关资料相互核对，保证会计账簿记录与实物及款项的实有数额相符、会计账簿记录与会计凭证的有关内容相符、会计账簿之间相对应的记录相符、会计账簿记录与会计报表的有关内容相符"。

（三）处理处罚和处分适用政策

1.《党政机关公务用车管理办法》（2017 年 12 月）第二十六条，"党政机关有下列情形之一的，依纪依法追究相关人员责任：……（九）有其他违反公务用车配备使用管理规定行为的"。

2.《中华人民共和国会计法》（2017 年 11 月）第二十九条，"会计机构、会计人员发现会计账簿记录与实物、款项及有关资料不相符的，按照国家统一的会计制度的规定有权自行处理的，应当及时处理；无权处理的，应当立即向单位负责人报告，请求查明原因，作出处理"。

案例 2—11 **公务用车闲置而支出大额租车费**

（一）基本事实

2017 年，××部门所属××单位合计拥有 10 辆野外业务用车，但全年闲置或使用率较低，而该单位同期却发生野外作业租车费用，涉及资金 761.07 万元。

（二）定性适用政策

1.《党政机关厉行节约反对浪费条例》（2013 年 11 月）第四条，"党政机关厉行节约反对浪费，应当遵循下列原则：坚持从严从简，勤俭办一切事业，降低公务活动成本；……"；第二十五条，"……合理有效配置公务用车资源，……保障公务出行，降低行政成本……"。

2.《事业单位国有资产管理暂行办法》（财政部令第 36 号）第十四条，"对于事业单位长期闲置、低效率运转或者超标准配置的资产，原则上由主管部门进行调剂，并报同级财政部门备案……"。

3.《关于进一步规范和加强行政事业单位国有资产管理的指导意见》（财资〔2015〕90号），"坚持资产管理与预算管理相结合。通过资产与预算相结合，管控总量、盘活存量、用好增量……促进资源配置的合理化，提高资产的使用效率"。

（三）处理处罚和处分适用政策

《党政机关公务用车管理办法》（2017年12月）第二十六条，"党政机关有下列情形之一的，依纪依法追究相关人员责任：……（九）有其他违反公务用车配备使用管理规定行为的"。

案例 2—12　既领公车补贴又继续乘坐公车

（一）基本事实

1.2018年，××部门所属××单位8名干部在已经领取公务交通补贴的同时，城市内公务活动仍乘坐公务用车、报销网约车费用15.71万元；

2.2017—2018年，××部门所属××单位相关人员在使用公务用车保障出行的情况下，同时领取交通补贴，涉及资金57.2万元；

3.2017年，××部门所属××单位违规保留1辆公务用车，部分已领取交通补贴的人员仍违规使用公务用车；

4.2016—2018年，××部门所属××单位为6人配备公务用车的同时还发放交通补贴25.1万元。

（二）定性适用政策

1.《关于全面推进公务用车制度改革的指导意见》（2014年7月），"公务人员不得既领取公务交通补贴、又违规乘坐公务用车……"。

2.《中央和国家机关公务用车制度改革方案》（2014年7月），"对参改的司局级及以下工作人员适度发放公务交通补贴，自行选择公务出行方式，在北京市行政区域（城区）内公务出行不再报销公务交通费用"。

3.《中央事业单位公务用车制度改革实施意见》（2015年12月），"……不得既发放公务交通补贴又报销公务交通费用……不得既领取公务交通补贴、又违规乘坐公务用车或报销公务交通费用"。

4.《党政机关公务用车管理办法》（2017年12月）第十六条，"……严格按规定使用公务用车……不得既领取公务交通补贴又违规使用公务用车"。

（三）处理处罚和处分适用政策

1.《党政机关公务用车管理办法》（2017年12月）第二十六条，"党政机关有下列情形之一的，依纪依法追究相关人员责任：……（三）公车私用、私车公养，或者既领取公务交通补贴又违规使用公务用车的……"。

2.《违规发放津贴补贴行为处分规定》（监察部、人力资源和社会保障部、财政部、审计署令31号）第四条，"有下列行为之一的，给予警告处分；情节较重的，给予记过或者记大过处分；情节严重的，给予降级或者撤职处分：……（四）在实施职务消费和福利待遇货币化改革并发放补贴后，继续开支相关职务消费和福利费用的……"。

3.《违规发放津贴补贴行为适用〈中国共产党纪律处分条例〉若干问题的解释》（2012 年 2 月），"三、有下列行为之一的，对有关责任人员，依照《中国共产党纪律处分条例》第一百二十六条的规定追究责任：……（四）在实施职务消费和福利待遇货币化改革并发放补贴后，继续开支相关职务消费和福利费用的……"；"十一、对违规发放的津贴补贴，应当按有关规定责令整改，并清退收回违规发放的津贴补贴"。

案例 2—13 违规发放交通补贴

（一）基本事实

1. 2017 年，××部门擅自批复不适合发放交通补贴的所属××单位以发放交通补贴方式参加公车改革，涉及资金 45.86 万元；

2. 2017 年，××部门所属××单位擅自将个人公务交通费报销福利化，按照处级每人 800 元 / 月、处级以下每人 500 元 / 月的标准予以报销。

（二）定性适用政策

1.《党政机关厉行节约反对浪费条例》（2013 年 11 月）第

二十五条，"……适度发放公务交通补贴，不得以车改补贴的名义变相发放福利"。

2.《关于全面推进公务用车制度改革的指导意见》（2014年7月），"……事业单位、国有企业和国有金融企业公务用车制度改革要与年薪制、岗位津贴及国家相关财务管理制度等统筹考虑、互相衔接……严格公务交通补贴发放，不得擅自扩大补贴范围、提高补贴标准……不得以公务交通补贴名义变相发放福利。公务人员不得既领取公务交通补贴、又违规乘坐公务用车……"。

3.《中央事业单位公务用车制度改革实施意见》（2015年12月），"……各部门所属事业单位，对参改人员实行以按规定报销公务交通费用为主的办法，个别特定岗位确需发放公务交通补贴的应从严从紧核定并报本单位所属主管部门批准。公务交通费用报销额度及公务交通补贴，由主管部门根据取消车辆数量、运行成本和改革前交通费支出情况，在节支的前提下，按照不高于同地区、同级别机关相应层级公务员交通补贴标准的原则从严确定。不得既发放公务交通补贴又报销公务交通费用。严格按规定控制报销或发放人员范围，避免普遍发放交通补贴或允许限额报销的福利化改革倾向……不得既领取公务交通补贴、又违规乘坐公务用车或报销公务交通费用"。

（三）处理处罚和处分适用政策

《违规发放津贴补贴行为适用〈中国共产党纪律处分条例〉

若干问题的解释》（2012 年 2 月），"十一、对违规发放的津贴补贴，应当按有关规定责令整改，并清退收回违规发放的津贴补贴"。

案例 2—14　公务用车标志标识不规范

（一）基本事实

1. 截至 2017 年底，×× 部门所属各行政执法单位执法执勤用车 831 辆未按规定涂装执法车辆标识；

2. 2017 年，×× 部门所属 ×× 单位特种专业技术用车未按规定进行标识化管理。

（二）定性适用政策

1. 《党政机关厉行节约反对浪费条例》（2013 年 11 月）第二十八条，"除涉及国家安全、侦查办案等有保密要求的特殊工作用车外，执法执勤用车应当喷涂明显的统一标识"。

2. 《关于全面推进公务用车制度改革的指导意见》（2014 年 7 月），"除涉及国家安全、侦查办案等有保密要求的特殊工作用车外，执法执勤用车应当喷涂明显的统一标识"。

3. 《中央和国家机关公务用车制度改革方案》（2014 年 7 月），"除涉及国家安全、侦查办案等有保密要求的特殊工作用车外，执法执勤用车应当喷涂明显的统一标识"。

4. 《中央事业单位公务用车制度改革实施意见》（2015 年 12 月），"……特种专业技术用车必须长期搭载固定设备并进行标识化管理……"。

5.《党政机关公务用车管理办法》（2017 年 12 月）第十八条，"党政机关应当推进公务用车标识化管理。除涉及国家安全、侦查办案和其他有保密要求的特殊工作用车外，公务用车应当统一标识"。

（三）处理处罚和处分适用政策

《党政机关公务用车管理办法》（2017 年 12 月）第二十六条，"党政机关有下列情形之一的，依纪依法追究相关人员责任：……（九）有其他违反公务用车配备使用管理规定行为的"。

案例 2—15 违反公务用车规定用途

（一）基本事实

2017 年，××部门所属 2 个单位的特种专业技术用车、执法执勤用车 130 次被用于取送文件、办理银行业务等工作。

（二）定性适用政策

1.《党政机关厉行节约反对浪费条例》（2013 年 12 月）第二十六条，"……执法执勤用车配备应当严格限制在一线执法执勤岗位，机关内部管理和后勤岗位以及机关所属事业单位一律不得配备"；第二十九条，"根据公务活动需要，严格按规定使用公务用车……"。

2.《中央事业单位公务用车制度改革实施意见》（2015 年 12 月），"……经批准保留的车辆要严格用于规定用途"。

3.《党政机关公务用车管理办法》（2017 年 12 月）第三条，"……执法执勤用车是指中央批准的执法执勤部门（系统）用于一线执法执勤公务的机动车辆。特种专业技术用车是指固定搭载专业技术设备、用于执行特殊工作任务的机动用车"；第八条，"严格控制执法执勤用车的配备范围、编制和标准。执法执勤用车配备应当严格限定在一线执法执勤岗位"。

（三）处理处罚和处分适用政策

《党政机关公务用车管理办法》（2017 年 12 月）第二十六条，"党政机关有下列情形之一的，依纪依法追究相关人员责任：……（九）有其他违反公务用车配备使用管理规定行为的"。

案例 2—16 公务用车违规出借

（一）基本事实

2018 年，×× 部门所属 ×× 单位擅自将 2 辆公务用车无偿出借给下属公司经营使用，并由该公司对外经营取得出租收入，涉及资金 5.91 万元。

（二）定性适用政策

1.《事业单位国有资产管理暂行办法》（财政部令第 36 号）第二十三条，"事业单位对外投资收益以及利用国有资产出租、出借和担保等取得的收入应当纳入预算，统一核算，统一管理……"。

2.《中央级事业单位国有资产管理暂行办法》（财教

〔2008〕13 号）第二十二条，"中央级事业单位对外投资收益以及利用国有资产出租、出借等取得的收入应当纳入预算，统一核算，统一管理"。

3.《关于进一步规范和加强行政事业单位国有资产管理的指导意见》（财资〔2015〕90 号），"……（十六）加强对各行政事业单位资产出租出借行为的监管，严格控制出租出借国有资产行为，确需出租出借资产的，应当按照规定程序履行报批手续，原则上实行公开竞价招租，必要时可以采取评审或者资产评估等方式确定出租价格，确保出租出借过程的公正透明……（二十二）中央级事业单位出租、出借收入和对外投资收益，应当纳入单位预算，统一核算、统一管理……"。

（三）处理处罚和处分适用政策

《党政机关公务用车管理办法》（2017 年 12 月）第二十六条，"党政机关有下列情形之一的，依纪依法追究相关人员责任：……（九）有其他违反公务用车配备使用管理规定行为的"。

案例 2—17 占用租用其他单位车辆

（一）基本事实

1. 2018 年，×× 部门所属 ×× 单位擅自借用其下属单位车辆 18 辆，预算外支出公务用车运行维护费，涉及资金 12.08 万元；

2. 至 2018 年底，×× 部门所属 ×× 单位除保留公务用车改革方案中核定的公务用车外，又另外租赁 2 辆轿车作为公务车辆使用，涉及租金 26.68 万元；

3. 2017 年，×× 部门本级实际可使用的公务用车 12 台，但又违规占用所属单位车辆 6 辆；

4. 2017 年，×× 部门所属 ×× 单位无偿占用其下属企业车辆 2 辆；

5. 2016 年至 2017 年 2 月，×× 部门所属 ×× 单位违规占用其下属单位 14 辆公务用车，并由下属单位负担 14 辆车辆的运行维护费，涉及资金 30.02 万元。

（二）定性适用政策

1.《党政机关厉行节约反对浪费条例》（2013 年 11 月）第二十六条，"……不得……变相超编制、超标准配备公务用车……不得以任何方式换用、借用、占用下属单位或者其他单位和个人的车辆，不得接受企事业单位和个人赠送的车辆"。

2.《关于全面推进公务用车制度改革的指导意见》（2014 年 7 月），"……党政机关不得……变相超编制、超标准配备公务用车，不得以任何方式换用、借用、占用下属单位或者其他单位和个人的车辆，不得接受企事业单位和个人赠送的车辆……"。

3.《中央和国家机关公务用车制度改革方案》（2014 年 7 月），"……中央和国家机关各部门各单位根据编制总量和工作性质可保留 5 辆以内的机要通信、应急公务用车，由公务用车主管部门实行编制管理……各单位各部门不得……变相超编制、超标准配备公务用车，不得以任何方式换用、借用、占用下属单位或者其他单位和个人的车辆，不得接受企事业单位和个人赠送的车辆……"。

4.《中央事业单位公务用车制度改革实施意见》（2015 年 12 月），"……各部门机关本级的机关服务部门可保留 1 至 2 辆后勤服务用车……不得变相超编制、超标准配备公务用车，不得以任何方式换用、借用、占用下属单位或者其他单位和个人的车辆……不得长期租用车辆变相作为个人固定用车"。

5.《党政机关公务用车管理办法》（2017 年 12 月）第六条，"党政机关公务用车实行编制管理。车辆编制根据机构设置、人员编制和工作需要等因素确定"。

6.《机关事务管理条例》（国务院令第 621 号）第二十五条，"政府各部门……不得超编制、超标准配备公务用车或者超标准租用车辆……，不得借用、占用下级单位和其他单位的车辆，不得接受企业事业单位和个人捐赠的车辆"。

（三）处理处罚和处分适用政策

1.《党政机关公务用车管理办法》（2017 年 12 月）第二十六条，"党政机关有下列情形之一的，依纪依法追究相关人员责任：（一）超编制、超标准配备公务用车的……（四）换用、借用、占用下属单位或者个人的车辆，或者擅自接受企事业单位和个人赠送车辆的"。

2.《机关事务管理条例》(国务院令第 621 号)第三十二条,"违反本条例规定,有下列情形之一的,由上级机关责令改正,并由任免机关或者监察机关对责任人员给予警告处分;情节较重的,给予记过或者记大过处分;情节严重的,给予降级或者撤职处分:……(四)超编制、超标准配备公务用车或者超标准租用车辆,……借用、占用下级单位、其他单位车辆,或者接受企业事业单位、个人捐赠车辆的……"。

第三节　问题讨论

讨论 2—1　事业单位公务用车改革后能否领取公务交通补贴?

讨论这个问题,限定在中央事业单位。对于中央事业单位公务用车改革后能否领取公务交通补贴的问题,不能简单地回答"是"或"否",应该区别对待,把握原则。

(一)是否已完成公务用车改革

按照《中央事业单位公务用车制度改革实施意见》(2015年 12 月)的规定,京内中央事业单位公务用车制度改革 2016年底前均应完成,如果没有完成改革,就无从谈起领取公务交通补贴的问题。

（二）区别对待不同事业单位

1. 对于党中央、国务院直属事业单位机关本级，要按照《中央和国家机关公务用车制度改革方案》（2014 年 7 月）实施公务用车改革，在确保节支的前提下，对参改人员适度发放公务交通补贴，确定发放范围和方式及管理使用。对于中央各部门所属事业单位在确保本单位公务用车节支的前提下，对参改人员采取报销公务交通费用、发放公务交通补贴或其他符合规定的社会化方式等保障公务活动出行。

2. 对于各部门所属事业单位，取消一般公务用车，保留必要的特种专业技术用车和必要的业务用车等车辆，在确保本单位节支的前提下，对参改人员采取报销公务交通费用、发放公务交通补贴或其他符合规定的社会化方式等保障公务活动出行。

（三）区别对待各部门所属事业单位的不同人员

按照《中央事业单位公务用车制度改革实施意见》（2015 年 12 月）的规定，1. 对于事业单位所有原符合公务用车配备条件的岗位和人员实行以按规定报销公务交通费用为主的办法，个别特定岗位确需发放公务交通补贴的应从严从紧核定并报本单位所属的主管部门批准。2. 对于事业单位的中央管理领导干部，由各部门自行选择确定参加公务用车制度改革或维持原有公务交通保障方式；3. 对于事业单位非中央管理的主要负责人应当纳入改革范围，改革后原则上不再配备工作用车，原配有符合规定标准工作用车，因工作需要保留，应当经本单位职代会或党委会同意，报主管部门批准，本人则不得再领取公务交通补贴或报销公务交通费用等。

讨论 2—2　国家机关公务员挂职锻炼期间能否乘坐公务用车？

讨论这个问题，要看挂职同志是否领取了公务交通补贴。一般来说，中央国家机关都已经完成了公务用车改革，并按月发放了公务交通补贴。按照《党政机关公务用车管理办法》（2017年12月）第十六条，"……严格按规定使用公务用车……不得既领取公务交通补贴又违规使用公务用车"的规定，领取了公务交通补贴就不能再乘坐公务用车。不过，在实际工作中可能会遇到两种情况。

（一）挂职干部偶尔需要外出公务，且乘坐公共交通工具无法及时达到

在这种情况下，乘坐公务用车，建议参考《关于规范差旅伙食费和市内交通费收交管理有关事项的通知》（财办行〔2019〕104号）的规定，按照每半天日市内交通费标准（80元／人天）的50%缴纳费用。

（二）挂职干部经常需要外出公务，且乘坐公共交通工具无法及时达到

在这种情况下，如参考《关于规范差旅伙食费和市内交通费收交管理有关事项的通知》（财办行〔2019〕104 号）的规定，按照每半天日市内交通费标准(80元/人天）的50%缴纳费用，有可能"入不敷出"。一名处级干部，公务交通补贴800元/月，按上述标准只能支付20个半天或10个整天使用公务用车的费用。对于这种情况，挂职干部应结合挂职地区、单位公务用车改革的具体情况和政策要求，按照组织程序报请上级审批同意，缴纳本人全部公务用车补贴后，酌情使用公务用车或报销交通费用，但无论如何绝不能"既领取公务交通补贴又违规使用公务用车"。

讨论 2—3 公务用车改革系列文件中涉及的车辆有哪些？

2014年推进公务用车改革后，在《关于全面推进公务用车制度改革的指导意见》（2014年7月）、《中央和国家机关公务用车制度改革方案》（2014年7月）、《中央事业单位公务用车制度改革实施意见》（2015年12月）以及《党政机关公务用车管理办法》（2017年12月）等文件政策中对"公车"种类进行了界定和约束。上述文件中对"一般公务用车"均表述为"取消"。

(一)《党政机关公务用车管理办法》（2017年12月）

该办法中明确有"机要通信车""应急保障车""特种专业技术用车""执法执勤车"。它适用于：党的机关、人大机关、行政机关、政协机关、监察机关、审判机关、检察机关，以及工会、共青团、妇联等人民团体和参照公务员法管理的事业单位。该办法同时规定"各民主党派机关公务用车管理适用本办法""不参照公务员法管理的事业单位公务用车，按照本办法的原则管理"。这其中需要说明的是：执法执勤车需要限定在中央批准的执法执勤部门的一线具体承担执法执勤公务的部门；特种专业技术用车要固定搭载专业技术设备，用于执行特殊工作任务。

（二）《关于全面推进公务用车制度改革的指导意见》（2014年7月）

该《意见》中出现的公车除《党政机关公务用车管理办法》（2017年12月）中明确的公车外，还有"经营用车""业务用车"等。该意见原文表述为"……对保留的必要的国有企业、国有金融企业经营用车和事业单位业务用车实行集中管理，取消与经营和业务保障无关的车辆……"。

（三）《中央和国家机关公务用车制度改革方案》（2014年7月）

该《方案》中出现的公车与《党政机关公务用车管理办法》（2017年12月）中的公车一致。

（四）《中央事业单位公务用车制度改革实施意见》（2015年12月）

该《意见》中出现的公车除《党政机关公务用车管理办

法》（2017 年 12 月）中的公车外，还出现"离退休干部服务用车""业务用车"以及"后勤服务用车"等表述。该意见对"离退休干部服务用车"的原文表述是"党中央、国务院直属事业单位机关本级，按照《中央和国家机关公务用车制度改革方案》有关规定实施改革，取消一般公务用车，保留必要的机要通信、应急、特种专业技术用车和离退休干部服务用车等车辆……"；该意见对"业务用车"的原文表述为"……各部门所属事业单位，取消一般公务用车，保留必要的特种专业技术用车和必要的业务用车等车辆……"；该意见对"后勤服务用车"的原文表述是"各部门机关本级的服务中心可保留 1 至 2 辆后勤服务用车"。

（五）《党政机关厉行节约反对浪费条例》（2013 年 11 月）

该《条例》在"公务用车"的章节中，还有"专车"的表述，其原文表述为"……严格按规定配备专车，不得擅自扩大专车配备范围或者变相配备专车……"。

第三章　因公出国

◎ 《中国共产党纪律处分条例》（2018 年 8 月）

第一百零五条　有下列行为之一，对直接责任者和领导责任者，情节较轻的，给予警告或者严重警告处分；情节较重的，给予撤销党内职务或者留党察看处分；情节严重的，给予开除党籍处分：

（一）公款旅游或者以学习培训、考察调研、职工疗养等为名变相公款旅游的；

（二）改变公务行程，借机旅游的；

（三）参加所管理企业、下属单位组织的考察活动，借机旅游的。

以考察、学习、培训、研讨、招商、参展等名义变相用公款出国（境）旅游的，依照前款规定处理。

◎ 2012 年以来涉及"因公出国"的重要制度政策

1.《党政机关厉行节约反对浪费条例》（2013 年 11 月）

2.《转发中央组织部中央外办等部门关于加强和改进教学科研人员因公临时出国管理工作的指导意见的通知》（2016 年 5 月）

3.《机关事务管理条例》（国务院令第 621 号）

4.《因公临时出国经费管理办法》（财行〔2013〕516 号）

5.《关于调整因公临时出国住宿费标准等有关事项的通知》（财行〔2017〕434 号）

6.《因公短期出国培训费用管理办法》（财行〔2014〕4 号）

7.《关于调整中长期出国（境）培训人员费用开支标准的通知》（外专发〔2012〕126 号）

8.《关于加强中长期因公出国（境）培训管理工作的意见》（外专发〔2015〕212 号）

第一节　管理红线和标准

规矩 3—1 《党政机关厉行节约反对浪费条例》

（一）财务管理应关注的"不得""禁止"等红线及"罚则"

第十条　……严格开支范围和标准，严格支出报销审核，不得报销任何超范围、超标准以及与相关公务活动无关的费用。

第十五条 ……不得安排照顾性、无实质内容的一般性出访，不得安排考察性出访，严禁集中安排赴热门国家和地区出访，严禁以各种名义变相公款出国旅游。……不得把出国作为个人待遇、安排轮流出国……

第十六条 ……无出国经费预算安排的不予批准……。严禁违反规定使用出国经费预算以外资金作为出国经费，严禁向所属单位、企业、我国驻外机构等摊派或者转嫁出国费用。

第十七条 出国团组……不得违反规定乘坐民航包机，不得乘坐私人、企业和外国航空公司包机，不得安排超标准住房和用车，不得擅自增加出访国家或者地区，不得擅自绕道旅行，不得擅自延长在国外停留时间。出国期间，不得与我国驻外机构和其他中资机构、企业之间用公款互赠礼品或者纪念品，不得用公款相互宴请。

第十八条 ……不得安排出境考察，不得组织无实质内容的调研、会议、培训等活动。……不得接受超标准接待和高消费娱乐，不得接受礼金、贵重礼品、有价证券、支付凭证等。

第五十八条 有下列情形之一的，追究相关人员的责任：（一）未经审批列支财政性资金的；（二）采取弄虚作假等手段违规取得审批的；（三）违反审批要求擅自变通执行的；（四）违反管理规定超标准或者以虚假事项开支的；（五）利用职务便利假公济私的；（六）有其他违反审批、管理、监督规定行为的。

第五十九条　有下列情形之一的，追究主要负责人或者有关领导干部的责任：（一）本地区、本部门、本单位铺张浪费、奢侈奢华问题严重，对发现的问题查处不力，干部群众反映强烈的；（二）指使、纵容下属单位或者人员违反本条例规定造成浪费的；（三）不履行内部审批、管理、监督职责造成浪费的；（四）不按规定及时公开本地区、本部门、本单位有关厉行节约反对浪费工作信息的；（五）其他对铺张浪费问题负有领导责任的。

第六十条　违反本条例规定造成浪费的，根据情节轻重，由有关部门依照职责权限给予批评教育、责令作出检查、诫勉谈话、通报批评或者调离岗位、责令辞职、免职、降职等处理。应当追究党纪政纪责任的，依照《中国共产党纪律处分条例》、《行政机关公务员处分条例》等有关规定给予相应的党纪政纪处分。涉嫌违法犯罪的，依法追究法律责任。

第六十一条　违反本条例规定获得的经济利益，应当予以收缴或者纠正。违反本条例规定，用公款支付、报销应由个人支付的费用，应当责令退赔。

（二）适用范围

1.适用于党的机关、人大机关、行政机关、政协机关、审判机关、检察机关；

2.适用于工会、共青团、妇联等人民团体；

3.适用于参照公务员法管理的事业单位；

4.国有企业、国有金融企业、不参照公务员法管理的事业单位参照执行。

规矩 3—2 《转发中央组织部中央外办等部门关于加强和改进教学科研人员因公临时出国管理工作的指导意见的通知》

（一）财务管理应关注的"不得""禁止"等红线及"罚则"

1.高等学校和科研院所学术交流合作以外的因公临时出国，仍执行现行国家工作人员因公临时出国管理政策。

2.教学科研人员出国开展学术交流合作所执行的任务、涉及的国家（地区）和在外日程等要按规定公示，接受监督。未按规定公示的不予审批，不予核销相关费用。

3.加强监督检查和责任追究。对教学科研人员以对外学术交流合作名义变相公款出国旅游等违规违纪行为，上级部门、纪检监察机构要严肃追究责任，并依规依纪惩处。对因管理不善、滥用政策造成严重不良影响的单位，要追究有关领导的责任。

（二）名词解释

学术交流合作：主要是开展教育教学活动、科学研究、学术访问、出席重要国际学术会议以及执行国际学术组织履职任务等。

（三）适用范围

1. 文件主送：各省、自治区、直辖市党委和人民政府，中央和国家机关各部委，中央军委办公厅，各人民团体；

2. 单位范围：高等学校和科研院所；

3. 业务范围：教学科研人员出国开展学术交流合作；

4. 人员范围：教学科研人员指高等学校和科研院所直接从事教学和科研任务的人员（含退离休返聘人员），以及在高等学校和科研院所及其二级单位中担任领导职务的专家学者。

规矩 3—3 《机关事务管理条例》

（一）财务管理应关注的"不得""禁止"等红线及"罚则"

第十二条　……不得挪用其他预算资金用于……因公出国（境）。

第三十条　政府各部门应当执行有关因公出国（境）的规定……不得安排与本部门业务工作无关的考察和培训。

第三十二条　违反本条例规定，有下列情形之一的，由上级机关责令改正，并由任免机关或者监察机关对责任人员给予警告处分；情节较重的，给予记过或者记大过处分；情节严重的，给予降级或者撤职处分：（一）超预算、超标准开支……因公出国（境）费，或者挪用其他预算资金用于……因公出国（境）的；……（六）安排与本部门业务工作无关的出国（境）考察或者培训的。

（二）适用范围

1. 适用于各级人民政府及其部门；

2. 其他国家机关和有关人民团体参照执行。

规矩 3—4 《因公临时出国经费管理办法》

（一）财务管理应关注的"不得""禁止"等红线及"罚则"

第四条　因公临时出国经费应当全部纳入预算管理……不得超预算或无预算安排出访团组。

第五条　出访团组实行计划审批管理……不得因人找事，不得安排照顾性和无实质内容的一般性出访，不得安排考察性出访……

第六条　……各地区各部门各单位应当严格执行各项经费开支标准，不得擅自突破，严禁接受或变相接受企事业单位资助，严禁向同级机关、下级机关、下属单位、企业、驻外机构等摊派或转嫁出访费用。

第七条　……出国任务、出国经费预算未通过审核的，不得安排出访团组。

第九条　……不得以任何理由绕道旅行，或以过境名义变相增加出访国家和时间……机票款由本单位通过公务卡、银行转账方式支付，不得以现金支付……出国人员应当严格按照规定安排交通工具，不得乘坐民航包机或私人、企业和外国航空公司包机……

第十条 ……未列入出国计划、未经本单位外事和财务部门批准的，不得在国外城市间往来……

第十二条 ……外方以现金或实物形式提供伙食费和公杂费接待我代表团组的，出国人员不再领取伙食费和公杂费。出访用餐……不上高档菜肴和酒水……

第十三条 出访团组对外原则上不搞宴请……。出访团组与我国驻外使领馆等外交机构和其他中资机构、企业之间一律不得用公款相互宴请。

第十四条 出访团组在国外期间……原则上不对外赠送礼品……。出访团组与我国驻外使领馆等外交机构和其他中资机构、企业之间一律不得以任何名义、任何方式互赠礼品或纪念品。

第十六条 ……不得核销与出访任务无关的开支。

第二十条 组团单位应当采取集中形式，对团组全体人员进行行前财经纪律教育。对出国人员违反本办法规定，有下列行为之一的，除相关开支一律不予报销外，按照《财政违法行为处罚处分条例》等有关规定严肃处理，并追究有关人员责任：（一）违规扩大出国经费开支范围的；（二）擅自提高经费开支标准的；（三）虚报团组级别、人数、国家数、天数等，套取出国经费的；（四）使用虚假发票报销出国费用的；（五）其他违反本办法的行为。

（二）标准定额

1.国际旅费。

（1）《因公临时出国经费管理办法》（财行〔2013〕516号）第九条，"国际旅费按照下列规定执行：（一）选择经济合理的路线。出国人员应当优先选择由我国航空公司运营的国际航线，由于航班衔接等原因确需选择外国航空公司航线的，应当事先报经单位外事和财务部门审批同意。不得以任何理由绕道旅行，或以过境名义变相增加出访国家和时间。（二）按照经济适用的原则，通过政府采购等方式，选择优惠票价，并尽可能购买往返机票。（三）因公临时出国购买机票，须经本单位外事和财务部门审批同意。机票款由本单位通过公务卡、银行转账方式支付，不得以现金支付。单位财务部门应当根据《航空运输电子客票行程单》等有效票据注明的金额予以报销。（四）出国人员应当严格按照规定安排交通工具，不得乘坐民航包机或私人、企业和外国航空公司包机。（五）省部级人员可以乘坐飞机头等舱、轮船一等舱、火车高级软卧或全列软席列车的商务座；司局级人员可以乘坐飞机公务舱、轮船二等舱、火车软卧或全列软席列车的一等座；其他人员均乘坐飞机经济舱、轮船三等舱、火车硬卧或全列软席列车的二等座。所乘交通工具舱位等级划分与以上不一致的，可乘坐同等水平的舱位。所乘交通工具未设置上述规定中本级别人员可乘坐舱位等级的，应乘坐低一等级舱位。上述人员发生的国际旅费据实报销。（六）出国人员乘坐国际列车，国内段按国内差旅费的有关规定执行；国外段超过 6 小时以上的按自然（日历）天数计算，每人每天补助 12 美元"。

（2）《关于调整因公临时出国住宿费标准等有关事项的通知》（财行〔2017〕434 号）四，"工作涉密、任务紧急且飞行时间超过 6 个小时（含中转航班）的，经事先报本单位外事和财务部门批准，省部级人员随行一人可乘坐同等级交通工具"。

2. 国外城市间交通费。

（1）《因公临时出国经费管理办法》（财行〔2013〕516 号）第十条，"出国人员根据出访任务需要在一个国家城市间往来，应当事先在出国计划中列明，并报本单位外事和财务部门批准。未列入出国计划、未经本单位外事和财务部门批准的，不得在国外城市间往来。出国人员的旅程必须按照批准的计划执行，其城市间交通费凭有效原始票据据实报销"。

（2）《关于调整因公临时出国住宿费标准等有关事项的通知》（财行〔2017〕434 号）二，"出国人员在境外往返机场的交通费用，可参照城市间交通费有关规定执行"。

3. 住宿费。

（1）《因公临时出国经费管理办法》（财行〔2013〕516 号）第十一条，"住宿费按照下列规定执行：（一）出国人员应当严格按照规定安排住宿，省部级人员可安排普通套房，住宿费据实报销；厅局级及以下人员安排标准间，在规定的住宿费标准之内予以报销。（二）参加国际会议等的出国人员，原则上应当按照住宿费标准执行。如对方组织单位指定或推荐酒店，应当严格把关，通过询价方式从紧安排，超出费用标准的，须事先报经本单位外事和财务部门批准。经批准，住宿费可据实报销”。

（2）《关于调整因公临时出国住宿费标准等有关事项的通知》（财行〔2017〕434号）四，“省部级人员按规定安排普通套房的，住宿费及按固定比例收取的服务费据实报销；服务费无固定比例的，按不超过住宿费的5%报销”。

4.伙食费和公杂费。

（1）《因公临时出国经费管理办法》（财行〔2013〕516号）第十二条，“伙食费和公杂费按照下列规定执行：（一）出国人员伙食费、公杂费可以按规定的标准发给个人包干使用。包干天数按离、抵我国国境之日计算。（二）根据工作需要和特点，不宜个人包干的出访团组，其伙食费和公杂费由出访团组统一掌握，包干使用。（三）外方以现金或实物形式提供伙食费和公杂费接待我代表团组的，出国人员不再领取伙食费和公杂费。（四）出访用餐应当勤俭节约，不上高档菜肴和酒水，自助餐也要注意节俭。

（2）《关于调整因公临时出国住宿费标准等有关事项的通知》（财行〔2017〕434号）三，“外方以现金或实物形式，为我出访团组仅提供交通接待的，出国人员可按标准的40%领取公杂费”。

5.其他费用。

《因公临时出国经费管理办法》（财行〔2013〕516号）第十五条，"出国签证费用、防疫费用、国际会议注册费用等凭有效原始票据据实报销。根据到访国要求，出国人员必须购买保险的，应当事先报经本单位外事和财务部门批准后，按照到访国驻华使领馆要求购买，凭有效原始票据据实报销"。

6.其他。

《关于调整因公临时出国住宿费标准等有关事项的通知》（财行〔2017〕434号）五，"中央管理的正司局级干部因工作需要，原则上可参照省部级人员的经费开支标准执行"。

表3—1　因公临时出国各国家和地区住宿费、伙食费、公杂费开支标准

序号	国家（地区）	城市	币种	住宿费（每人每天）	伙食费（每人每天）	公杂费（每人每天）
一	亚洲					
1	蒙古		美元	90	50	35
2	朝鲜		美元	120	40	30
3	韩国	首尔、釜山、济州	美元	180	70	35
4		光州、西归浦	美元	160	70	35
5		其他城市	美元	150	70	35
6	日本	东京	日元	20000	10000	5000
7		大阪、京都	日元	18000	10000	5000
8		新潟	日元	11000	10000	5000
9		福冈、札幌、长崎、名古屋	日元	14000	10000	5000
10		其他城市	日元	9000	10000	5000

续表

序号	国家（地区）	城市	币种	住宿费（每人每天）	伙食费（每人每天）	公杂费（每人每天）
11	缅甸		美元	90	50	35
12	巴基斯坦	伊斯兰堡	美元	270	30	30
13		其他城市（含奎达、拉合尔、卡拉奇）	美元	170	30	30
14	斯里兰卡		美元	140	40	30
15	马尔代夫		美元	200	50	30
16	孟加拉		美元	150	50	40
17	伊拉克	巴格达	美元	320	50	40
18		其他城市	美元	290	50	40
19	阿拉伯联合酋长国		美元	200	50	40
20	也门	萨那	美元	110	50	35
21		亚丁	美元	90	50	35
22		其他城市	美元	80	50	35
23	阿曼		美元	200	50	40
24	伊朗		美元	180	50	40
25	科威特		美元	200	70	40
26	沙特阿拉伯	利雅得	美元	200	70	40
27		吉达	美元	140	70	40
28		其他城市	美元	120	70	40
29	巴林		美元	190	55	40
30	以色列		美元	380	70	40
31	巴勒斯坦		美元	180	70	40
32	文莱		美元	130	40	35
33	印度	新德里、加尔各答	美元	175	50	35
34		孟买	美元	200	50	35
35		其他城市	美元	155	50	35
36	不丹		美元	160	50	35

序号	国家（地区）	城市	币种	住宿费（每人每天）	伙食费（每人每天）	公杂费（每人每天）
37	越南	河内	美元	90	40	30
38		胡志明市	美元	80	40	30
39		其他城市	美元	70	40	30
40	柬埔寨		美元	100	40	30
41	老挝		美元	130	40	30
42	马来西亚		美元	110	50	35
43	菲律宾	宿务	美元	180	50	35
44		其他城市		130	50	35
45	印度尼西亚		美元	125	50	35
46	东帝汶		美元	130	40	35
47	泰国	曼谷	美元	140	50	35
48		宋卡	美元	110	50	35
49		清迈、孔敬	美元	90	50	35
50		其他城市	美元	80	50	35
51	新加坡		美元	220	55	40
52	阿富汗		美元	200	38	30
53	尼泊尔		美元	140	50	35
54	黎巴嫩		美元	400	50	35
55	塞浦路斯		美元	100	40	35
56	约旦		美元	160	50	35
57	土耳其	安卡拉	美元	105	45	30
58		伊斯坦布尔	美元	150	45	30
59		其他城市	美元	90	45	30
60	叙利亚		美元	350	50	35
61	卡塔尔		美元	160	60	40
62	中国香港		港元	1900	500	300
63	中国澳门		港元	1200	500	300
64	中国台湾		美元	150	60	40

续表

序号	国家（地区）	城市	币种	住宿费（每人每天）	伙食费（每人每天）	公杂费（每人每天）
二	非洲					
65	马达加斯加	塔那那利佛	美元	130	38	30
66		塔马塔夫	美元	100	38	30
67		其他城市	美元	90	38	30
68	喀麦隆		美元	120	50	35
69	多哥		美元	110	48	35
70	科特迪瓦		美元	120	50	35
71	摩洛哥		美元	130	50	40
72	阿尔及利亚		美元	180	55	35
73	卢旺达		美元	130	32	30
74	几内亚		美元	130	55	35
75	埃塞俄比亚		美元	210	50	35
76	厄立特里亚		美元	110	50	35
77	莫桑比克		美元	170	50	35
78	塞舌尔		美元	240	50	35
79	肯尼亚		美元	195	50	35
80	利比亚		美元	160	50	35
81	安哥拉		美元	400	60	40
82	赞比亚		美元	150	45	35
83	几内亚比绍		美元	170	45	35
84	突尼斯		美元	100	40	35
85	布隆迪		美元	220	40	35
86	莱索托		美元	100	35	30
87	津巴布韦		美元	120	45	33

序号	国家（地区）	城市	币种	住宿费（每人每天）	伙食费（每人每天）	公杂费（每人每天）
88		阿布贾	美元	270	60	35
89	尼日利亚	拉各斯	美元	300	60	35
90		其他城市	美元	250	60	35
91	毛里求斯		美元	155	50	35
92	索马里		美元	200	50	35
93	苏丹		美元	130	40	32
94	贝宁		美元	150	35	30
95	马里		美元	280	50	35
96	乌干达		美元	170	50	35
97	塞拉里昂		美元	155	50	35
98	吉布提		美元	160	60	35
99	塞内加尔		美元	165	50	35
100	冈比亚		美元	170	50	35
101	加蓬		美元	180	60	35
102	中非		美元	280	50	35
103	布基纳法索		美元	140	50	35
104	毛里塔尼亚		美元	130	55	35
105	尼日尔		美元	145	50	35
106	乍得		美元	220	50	35
107	赤道几内亚		美元	200	50	35
108	加纳		美元	250	50	35
109		达累斯萨拉姆	美元	180	50	35
110	坦桑尼亚	桑给巴尔	美元	210	50	35
111		其他城市	美元	160	50	35
112	刚果（金）		美元	220	50	35
113	刚果（布）		美元	170	50	35
114	埃及		美元	170	50	35

续表

序号	国家（地区）	城市	币种	住宿费（每人每天）	伙食费（每人每天）	公杂费（每人每天）
115	圣多美和普林西比		美元	170	50	35
116	博茨瓦纳		美元	170	50	35
117		比勒陀利亚、约翰内斯堡	美元	170	50	35
118	南非	开普敦	美元	210	50	35
119		德班	美元	150	50	35
120		其他城市	美元	130	50	35
121	纳米比亚		美元	140	35	30
122	斯威士兰		美元	150	50	35
123	利比里亚		美元	220	50	35
124	佛得角		美元	120	50	35
125	科摩罗		美元	120	40	35
126	南苏丹		美元	200	40	32
127	马拉维		美元	130	50	35
三	欧洲					
128		布加勒斯特	美元	120	45	40
129	罗马尼亚	康斯坦察	美元	120	50	40
130		其他城市	美元	80	50	40
131	马其顿		美元	120	50	35
132	斯洛文尼亚		欧元	140	30	25
133	波黑		美元	100	40	35
134	克罗地亚		美元	180	40	35
135	阿尔巴尼亚		美元	150	35	30
136	保加利亚		美元	110	45	35

续表

序号	国家（地区）	城市	币种	住宿费（每人每天）	伙食费（每人每天）	公杂费（每人每天）
137	俄罗斯	莫斯科	美元	285	45	40
138		哈巴罗夫斯克	美元	200	45	40
139		叶卡捷琳堡、圣彼得堡	美元	170	45	40
140		伊尔库茨克	美元	150	45	40
141		其他城市	美元	140	45	40
142	立陶宛		美元	120	45	35
143	拉脱维亚		欧元	120	35	25
144	爱沙尼亚		欧元	120	35	25
145	乌克兰	基辅	美元	130	45	40
146		敖德萨	美元	130	45	40
147		其他城市	美元	80	45	40
148	阿塞拜疆		美元	150	45	40
149	亚美尼亚		美元	120	45	40
150	格鲁吉亚		美元	150	45	40
151	吉尔吉斯斯坦	比什凯克	美元	230	45	40
152		其他城市	美元	80	45	40
153	塔吉克斯坦		美元	210	45	40
154	土库曼斯坦		美元	120	45	40
155	乌兹别克斯坦	塔什干	美元	120	40	32
156		撒马尔罕	美元	100	40	32
157		其他城市	美元	90	40	32
158	白俄罗斯		美元	180	45	40
159	哈萨克斯坦	阿斯塔纳	美元	200	45	40
160		阿拉木图	美元	200	45	40
161		其他城市	美元	140	45	40
162	摩尔多瓦		美元	90	45	40

续表

序号	国家（地区）	城市	币种	住宿费（每人每天）	伙食费（每人每天）	公杂费（每人每天）
163	波兰	华沙	美元	190	50	40
164		革但斯克	美元	130	50	40
165		其他城市	美元	120	50	40
166	德国	柏林、汉堡	欧元	150	60	38
167		慕尼黑	欧元	170	60	38
168		法兰克福	欧元	180	60	38
169		其他城市	欧元	120	60	38
170	荷兰	海牙	欧元	150	60	38
171		阿姆斯特丹	欧元	170	60	38
172		其他城市	欧元	130	60	38
173	意大利	罗马	欧元	160	65	38
174		米兰	欧元	140	65	38
175		佛罗伦萨	欧元	120	65	38
176		其他城市	欧元	110	65	38
177	比利时		欧元	160	60	38
178	奥地利		欧元	140	60	38
179	希腊		欧元	150	55	35
180	法国	巴黎	欧元	180	60	40
181		马赛、斯特拉斯堡、尼斯、里昂	欧元	160	60	40
182		其他城市	欧元	150	60	40
183	西班牙		欧元	125	60	38
184	卢森堡		欧元	160	55	38
185	爱尔兰		欧元	160	60	38
186	葡萄牙		欧元	130	60	38
187	芬兰		欧元	145	60	40
188	捷克		美元	160	45	50
189	斯洛伐克		欧元	120	35	30
190	匈牙利		美元	180	45	45
191	瑞典		美元	280	80	50

序号	国家（地区）	城市	币种	住宿费（每人每天）	伙食费（每人每天）	公杂费（每人每天）
192	丹麦		美元	200	80	50
193	挪威		美元	200	80	50
194	瑞士		美元	230	70	50
195	冰岛		美元	260	65	50
196	马耳他		欧元	160	38	25
197	塞尔维亚		美元	120	40	30
198	黑山		欧元	90	30	22
199	英国	伦敦	英镑	200	45	35
200		曼彻斯特、爱丁堡	英镑	140	45	35
201		其他城市	英镑	125	45	35
四	美洲					
202	美国	华盛顿	美元	260	55	45
203		旧金山	美元	250	55	45
204		休斯敦	美元	180	55	45
205		波士顿	美元	230	55	45
206		纽约	美元	270	55	45
207		芝加哥	美元	260	55	45
208		洛杉矶	美元	250	55	45
209		夏威夷	美元	195	55	45
210		其他城市	美元	200	55	45
211	加拿大	渥太华、多伦多、卡尔加里、蒙特利尔	美元	210	55	45
212		温哥华	美元	240	55	45
213		其他城市	美元	190	55	45
214	墨西哥	墨西哥	美元	150	50	45
215		蒂华纳	美元	120	50	45
216		坎昆	美元	160	50	45
217		其他城市	美元	100	50	45

续表

序号	国家（地区）	城市	币种	住宿费（每人每天）	伙食费（每人每天）	公杂费（每人每天）
218	巴西	巴西利亚	美元	160	50	45
219		圣保罗	美元	240	50	45
220		里约热内卢	美元	260	50	45
221		其他城市	美元	150	50	45
222	牙买加		美元	160	50	45
223	特立尼达和多巴哥		美元	180	50	45
224	厄瓜多尔		美元	150	40	32
225	阿根廷		美元	190	50	45
226	乌拉圭		美元	135	50	45
227	智利	圣地亚哥	美元	135	47	45
228		伊基克	美元	120	47	45
229		安托法加斯塔、阿里卡	美元	140	47	45
230		其他城市	美元	100	47	45
231	哥伦比亚	波哥大	美元	190	40	35
232		麦德林	美元	110	40	35
233		卡塔赫纳	美元	120	40	35
234		其他城市	美元	100	40	35
235	巴巴多斯		美元	250	60	45
236	圭亚那		美元	160	50	45
237	古巴		美元	200	40	37
238	巴拿马		美元	135	45	45
239	格林纳达		美元	280	45	45
240	安提瓜和巴布达		美元	220	60	45
241	秘鲁		美元	140	40	40
242	玻利维亚		美元	110	36	30
243	尼加拉瓜		美元	120	45	45
244	苏里南		美元	140	50	45

续表

序号	国家（地区）	城市	币种	住宿费（每人每天）	伙食费（每人每天）	公杂费（每人每天）
245	委内瑞拉		美元	230	45	45
246	海地		美元	180	45	43
247	波多黎各		美元	150	45	45
248	多米尼加		美元	150	45	45
249	多米尼克		美元	200	45	45
250	巴哈马		美元	220	45	45
251	圣卢西亚		美元	200	45	45
252	阿鲁巴岛		美元	200	45	45
253	哥斯达黎加		美元	120	45	40
五	大洋洲及太平洋岛屿					
254	澳大利亚	堪培拉	美元	210	60	50
255		堪培拉帕斯、布里斯班	美元	180	60	50
256		墨尔本、悉尼	美元	200	60	50
257		其他城市	美元	160	60	50
258	新西兰		美元	180	60	45
259	萨摩亚		美元	170	47	45
260	斐济	苏瓦	美元	190	45	50
261		楠迪	美元	120	45	50
262		其他城市	美元	110	45	50
263	巴布亚新几内亚		美元	350	55	50
264	密克罗尼西亚		美元	120	40	30
265	马绍尔群岛		美元	120	55	35

序号	国家（地区）	城市	币种	住宿费（每人每天）	伙食费（每人每天）	公杂费（每人每天）
266	瓦努阿图		美元	220	55	35
267	基里巴斯		美元	195	55	35
268	汤加		美元	160	60	35
269	帕劳		美元	180	60	35
270	库克群岛		美元	180	60	35
271	所罗门群岛		美元	200	60	35
272	法属留尼汪		美元	140	60	35
273	法属波利尼西亚		美元	240	60	35

注：采用《因公临时出国经费管理办法》（财行〔2013〕516号）附件格式，根据《因公临时出国经费管理办法》（财行〔2013〕516号）和《关于调整因公临时出国住宿费标准等有关事项的通知》（财行〔2017〕434号）规定的标准填制。

（三）适用范围

1.适用于各级党政军机关、人大政协机关、审判机关、检察机关因公组派临时代表团组的省部级以下（含省部级）出国人员；

2.适用于民主党派因公组派临时代表团组的省部级以下（含省部级）出国人员；

3.适用于人民团体和事业单位因公组派临时代表团组的省部级以下（含省部级）出国人员；

4.国有企业和其他因公临时出国人员参照本办法执行；

5.因公临时赴中国香港、中国澳门、中国台湾地区的，适用本办法。

规矩 3—5 《关于调整因公临时出国住宿费标准等有关事项的通知》

（一）财务管理应关注的"不得""禁止"等红线及"罚则"

严禁将住宿费等不宜包干使用的经费发给个人包干使用……

（二）适用范围

1.文件主送：党中央有关部门、国务院各部委、各直属机构，中央军委后勤保障部、武警总部，全国人大常委会办公厅，全国政协办公厅，高法院，高检院，各民主党派中央，有关人民团体，各省、自治区、直辖市、计划单列市财政厅（局）、人民政府外事办公室，新疆生产建设兵团财务局、外事局；

2.该文件针对《因公临时出国经费管理办法》（财行〔2013〕516号）住宿费标准的调整，适用范围应与《因公临时出国经费管理办法》（财行〔2013〕516号）一致。

规矩 3—6 《因公短期出国培训费用管理办法》

（一）财务管理应关注的"不得""禁止"等红线及"罚则"

第五条 ……无预算或超预算的不得安排出国培训。

第七条 ……培训任务、培训费用预算审核未通过的，不得列入单位出国培训计划，不得安排出国培训。

第十二条　由外方资助出国培训经费的，各单位不得重复支付……

第十三条　各单位财务部门应……严格按照批准的出国培训团组人员、天数、路线、经费预算及开支标准核销经费，超出部分不得核销。

第十四条　各单位不得组织计划外或营利性出国培训项目，也不得安排照顾性质、无实质内容、无实际需要及参观考察等一般性出国培训项目。

第十五条　培训团组在国外期间，原则上不赠送礼品，一律不安排宴请。培训团组严禁接受或变相接受企事业单位资助，严禁向同级机关、下级机关、所属单位、我驻外机构等摊派或转嫁出国培训费用。

第十八条　各单位以及培训人员违反本办法规定，有下列行为之一的，相关开支一律不予报销，并按照《财政违法行为处罚处分条例》和《党政机关厉行节约反对浪费条例》等有关规定予以处理：（一）无预算或未经财务部门同意安排出国培训项目的；（二）违规扩大出国培训费用开支范围的；（三）擅自提高出国培训费用开支标准的；（四）虚报培训团组人数、天数等，套取出国培训费用的；（五）使用虚假票据报销出国培训费用的；（六）培训期间存在铺张浪费、公款旅游行为的；（七）其他违反本办法的行为。

（二）定额标准

第八条　因公短期出国培训费用开支范围包括：培训费、国际旅费、国外城市间交通费、住宿费、伙食费、公杂费和其他费用。其中，培训费是指出国培训团组用于授课、翻译、场租、资料、课程设计、对口业务考察或业务实践活动等在国外培训所必须发生的费用。

第九条　国际旅费、国外城市间交通费、住宿费、伙食费、公杂费、其他费用的管理要求和开支标准参照《因公临时出国经费管理办法》（财行〔2013〕516号）执行（还应包括《关于调整因公临时出国住宿费标准等有关事项的通知》（财行〔2017〕434号）有关规定）。培训费开支在规定的标准之内据实报销。出国培训团组需在国内开展预培训和培训总结所发生的费用，参照国内培训费相关规定执行。

表3—2　因公短期出国培训费开支标准

序号	国家（地区）	币种	培训费（每人／每天）
亚洲			
1	韩国	美元	80
2	日本	日元	8400
3	印度	美元	51
4	以色列	美元	65
5	泰国	美元	41
6	新加坡	美元	80
7	中国香港	港币	500
欧洲			
8	德国	欧元	66
9	英国	英镑	56

序号	国家（地区）	币种	培训费 （每人／每天）
10	荷兰	欧元	57
11	瑞典	美元	90
12	丹麦	美元	79
13	挪威	美元	90
14	意大利	欧元	48
15	比利时	欧元	67
16	奥地利	欧元	48
17	瑞士	美元	95
18	法国	欧元	60
19	西班牙	欧元	48
20	芬兰	欧元	66
21	爱尔兰	欧元	59
22	匈牙利	美元	63
23	俄罗斯	美元	67
美洲			
24	美国	美元	87
25	加拿大	美元	80
26	巴西	美元	65
大洋洲			
27	澳大利亚	美元	86
28	新西兰	美元	81
非洲			
29	南非	美元	65

资料来源：引自《因公短期出国培训费用管理办法》（财行〔2014〕4号）。

（三）适用范围

1.适用于各级党的机关、人大机关、行政机关、政协机关、审判机关、检察机关的因公短期出国培训费用的管理；

2.民主党派的因公短期出国培训费用的管理；

3.人民团体和事业单位的因公短期出国培训费用的管理；

4.国有企业和其他机构因公短期出国培训参照本办法执行；

5. 各单位因公短期赴香港、澳门、台湾地区培训的，适用本办法。

规矩 3—7 《关于调整中长期出国（境）培训人员费用开支标准的通知》

（一）定额标准

表3—3 中长期出国（境）培训人员费用开支标准

序号	国家（地区）	币别	标准（每人／每月）	
			高级职称	普通职称
一	美洲、大洋洲			
1	美国（一类地区）	美元	2000	1800
	美国（二类地区）	美元	2000	1700
	美国（三类地区）	美元	2000	1400
2	加拿大	加元	2600	1700
3	澳大利亚	澳元	2100	1800
4	新西兰	新西兰元	2200	2000
5	其他国家（地区）	美元	1100	600
二	欧洲			
6	俄罗斯	美元	1400	1100
7	白俄罗斯	美元	1150	800
8	乌克兰	美元	1150	800
9	其他独联体国家	美元	1100	700
10	德国	欧元	1800	1300
11	法国	欧元	1800	1300
12	芬兰	欧元	1800	1300
13	荷兰	欧元	1800	1300
14	爱尔兰	欧元	1800	1300
15	奥地利	欧元	1800	1300
16	比利时	欧元	1800	1300

序号	国家（地区）	币别	标准（每人／每月）	
			高级职称	普通职称
17	卢森堡	欧元	1800	1300
18	葡萄牙	欧元	1800	1100
19	西班牙	欧元	1800	1100
20	希腊	欧元	1800	1100
21	意大利	欧元	1800	1100
22	冰岛	欧元	1800	1100
23	塞浦路斯	欧元	1800	1100
24	马耳他	欧元	1800	1100
25	斯洛文尼亚	美元	1100	800
26	保加利亚	美元	1100	800
27	匈牙利	美元	1100	800
28	波兰	美元	1400	950
29	英国（伦敦地区）	英镑	1400	1150
	英国（其他地区）	英镑	1400	1000
30	丹麦	丹麦克朗	12000	9500
31	挪威	挪威克朗	13000	11000
32	瑞典	瑞典克朗	15000	13000
33	瑞士	瑞士法郎	2500	2000
34	其他国家（地区）	美元	1100	700
三	亚洲、非洲			
35	日本	日元	200000	160000
36	韩国	美元	2000	1400
37	新加坡	新元	2200	2100
38	印度	美元	1100	600
39	以色列	美元	1200	1000
40	南非	美元	1100	760
41	其他国家（地区）	美元	1100	600
42	中国香港	港元	14000	12000

资料来源：引自《关于调整中长期出国（境）培训人员费用开支标准的通知》（外专发〔2012〕126号）。

（二）适用范围

1. 文件主送：各省、自治区、直辖市及副省级城市外国专家局（引智办）、财政厅（局），新疆生产建设兵团外国专家局、财政局，国务院各部委、各直属机构引智归口管理部门；

2. 适用于参加中长期因公出国（境）培训的单位和个人。

规矩 3—8 《关于加强中长期因公出国（境）培训管理工作的意见》

（一）财务管理应关注的"不得""禁止"等红线及"罚则"

1. ……不得将出国（境）培训作为福利待遇，坚决杜绝照顾关系、搭车出国等现象，对与培训主题相关性不足、超龄和外语水平等未达到规定要求的人员不得派出。……参训人员须为国家机关、国有企事业单位的正式工作人员，外籍及已取得国外永久居留权的人员、正在境外工作或学习的人员不得选派。

2. 团组及参训人员……杜绝不文明行为。不得使用公款大吃大喝，聚众酗酒和参加高消费娱乐活动，严禁出入赌博、色情等场所。……参训人员原则上不得申请中途回国休假。

3. 境外培训期间原则上不许请假办理与培训任务无关事宜，不在培训所在国（地区）公休日之外时间休假。

4. 对于在中长期因公出国（境）培训中发生的违规违纪问题，国家外国专家局将会同相关部门进行严肃处理，相关开支不予报销，参训人员须退回公费资助的全部或部分费用，并对组团单位、出国（境）培训归口管理部门或审批（审核）部门进行通报处理，根据情节轻重给予暂停或取消其当年部分或全部出国（境）培训项目的执行、暂停审批其下一年度出国（境）培训项目等处理，并将通报处理意见在国家外国专家局政府网站上公布。

（二）适用范围

1.文件主送：各省、自治区、直辖市及副省级城市外国专家局，新疆生产建设兵团外国专家局，国务院各部委、各直属机构引智归口管理部门；

2.适用于参加中长期因公出国（境）培训的单位和个人。

第二节　案例分析

案例 3—1　违反因公出国计划管理规定

（一）基本事实

1.2018 年，××部门所属××单位 1 人因公出国未经批准而成行，涉及资金 3.43 万元；

2.2017 年，××部门因公出国实际情况与因公出国的计划存在较大差异，52 个因公出国团组属于计划外团组；

3. 2014 年，×× 部门所属 ×× 单位未编制因公出国（境）计划，但实际组织并执行 5 个出国团组；

4. 2014 年，×× 部门报备的因公出国（境）计划不完整，计划中未按规定包含赴中国香港、澳门和台湾等地区的团组情况；

5. 2014 年，×× 部门本级 2 个因公出国团组擅自调整出访计划，未按规定报批；

6. 2013 年，×× 部门所属 ×× 单位超出因公出国计划，未经报批组织 10 个计划外因公出国团组。

（二）定性适用政策

1.《党政机关厉行节约反对浪费条例》（2013 年 11 月）第十五条，"统筹安排年度因公临时出国计划，严格控制团组数量和规模……"；第十八条，"严格根据工作需要编制出境计划，加强因公出境审批和管理……"。

2.《机关事务管理条例》（国务院令第 621 号）第十二条，"……政府各部门应当根据工作需要和机关运行经费预算制定……因公出国（境）费支出计划……"。

3.《因公临时出国经费管理办法》（财行〔2013〕516 号）第四条，"因公临时出国经费应当全部纳入预算管理，并按照下列规定执行：（一）各级财政部门应当加强因公临时出国经费的预算管理，严格控制因公临时出国经费总额，科学合理地安排因公临时出国经费预算。（二）各地区各部门各单位应当加强预算硬约束，认真贯彻落实厉行节约的要求，在核定的年度因公临时出国经费预算内，务实高效、精简节约地安排因公临时出国活动，不得超预算或无预算安排出访团组。确有特殊需要的，按规定程序报批"；第五条，"出访团组实行计划审批管理，并按照下列规定执行：（一）各地区各部门各单位应当认真贯彻中央有关外事管理规定，科学制订年度因公临时出国计划，认真履行因公临时出国计划报批制度……（三）各级外事部门应当加强因公临时出国计划的审核审批管理，严格把关，对违反规定、不适合成行的团组予以调整或者取消……"；第十六条，"……各单位财务部门应当根据本办法制定本单位财务报销审批的具体规定，加强对因公临时出国团组的经费核销管理。各单位财务部门应当对因公临时出国团组提交的出国任务批件、护照（包括签证和出入境记录）复印件及有效费用明细票据进行认真审核，严格按照批准的出国团组人员、天数、路线、经费预算及开支标准核销经费，不得核销与出访任务无关的开支"。因公临时赴中国香港、中国澳门、中国台湾地区的，适用《因公临时出国经费管理办法》。

4.《加强党政干部因公出国（境）经费管理暂行办法》（财行〔2008〕230号）第五条，"各级党政机关不得超预算或无预算安排出国（境）团组……"；第九条，"财务部门应进一步严格对因公出国（境）团组的经费核销管理。对因公出国（境）团组提供的出国（境）任务批件、护照（包括签证和出入境记录）复印件及有效费用明细票据进行认真审核，严格按照批准的出国（境）团组人数、天数、出国路线、经费计划以及有关的经费开支标准等进行核销，不得核销与公务活动无关的开支和计划外发生的费用，不得核销虚假费用单据"。

5.《中华人民共和国出入境管理法》（2013年7月）第八十九条，"出境，是指由中国内地前往其他国家或者地区，由中国内地前往香港特别行政区、澳门特别行政区，由中国大陆前往台湾地区"。

（三）处理处罚和处分适用政策

1.《党政机关厉行节约反对浪费条例》（2013年11月）第五十八条，"有下列情形之一的，追究相关人员的责任：……（三）违反审批要求擅自变通执行的；……"。

2.《因公临时出国经费管理办法》（财行〔2013〕516号）第二十条，"组团单位应当采取集中形式，对团组全体人员进行行前财经纪律教育。对出国人员违反本办法规定，有下列行为之一的，除相关开支一律不予报销外，按照《财政违法行为处罚处分条例》等有关规定严肃处理，并追究有关人员责任：……（五）其他违反本办法的行为"。

案例 3—2 因公出国超预算或无预算

（一）基本事实

1. 2018年，××部门所属××单位无因公出国预算的情况下，支出因公出国费用，涉及资金 17.02 万元；

2. 2018 年，×× 部门所属 ×× 单位因公出国培训费预算为 8.20 万元，但实际支出 34.85 万元，超预算 26.65 万元；

3. 2017 年，×× 部门所属 ×× 单位超预算列支因公出国费用，涉及资金 22.99 万元；

4. 2017 年，×× 部门在其他科目列支因公出国费用，隐匿因公出国费科目应计而实际少计的支出 98.46 万元，致使实际因公出国费用超预算支出 98.46 万元；

5. 2014 年，×× 部门所属 ×× 单位在无因公出国预算的情况下，安排 1 人赴 ×× 国参加会议，涉及资金 4.46 万元；

6. 2014 年，×× 部门所属 ×× 单位使用未纳入预算的自有资金列支因公出国费用，涉及资金 80.88 万元。

（二）定性适用政策

1.《党政机关厉行节约反对浪费条例》（2013 年 11 月）第七条，"……严格控制……因公临时出国（境）费……等支出。年度预算执行中不予追加，因特殊需要确需追加的，由财政部门审核后按程序报批……"；第十六条，"……加强因公临时出国经费预算总额控制，严格执行经费先行审核制度。无出国经费预算安排的不予批准……严禁违反规定使用出国经费预算以外资金作为出国经费……"。

2.《机关事务管理条例》（国务院令第 621 号）第十二条，"……不得挪用其他预算资金用于……因公出国（境）"。

3.《因公临时出国经费管理办法》（财行〔2013〕516号）第四条，"因公临时出国经费应当全部纳入预算管理……加强因公临时出国经费的预算管理，严格控制因公临时出国经费总额……各地区各部门各单位应当加强预算硬约束……在核定的年度因公临时出国经费预算内，务实高效、精简节约地安排因公临时出国活动，不得超预算或无预算安排出访团组……"。

4.《因公短期出国培训费用管理办法》（财行〔2014〕4号）第五条，"……无预算或超预算的不得安排出国培训"。

5.《加强党政干部因公出国（境）经费管理暂行办法》（财行〔2008〕230号）第三条，"各级财政部门应进一步加强对因公出国（境）经费的预算管理。应根据财力的可能，科学合理地安排因公出国（境）经费预算额度，将因公出国（境）经费全部纳入预算管理，未安排预算的单位视为无出国（境）任务安排。严格控制因公出国（境）经费预算规模，对各级党政机关因公出国（境）经费预算实行零增长"；第五条，"……不得超预算或无预算安排出国（境）团组……"；第七条，"……（七）对于部门预算中未安排出国（境）经费预算，要求使用其他经费（包括单位行政、事业经费，摊派经费，企业赞助经费等）的因公出国（境）团组申请，视为无出国（境）经费预算安排，财务部门一律不得出具认可意见。凡未经财务部门经费审核认可的因公出国（境）申请，各级外事审批部门一律不予批准"。

6.《国务院办公厅关于对贯彻落实"约法三章"进一步加强督促检查的意见》(国办发〔2013〕105 号),"……公费出国……只减不增……严格贯彻落实'三公'经费只减不增的要求……"。

7.《中华人民共和国预算法》(2015 年 1 月)第十三条,"……支出必须以经批准的预算为依据,未列入预算的不得支出"。

8.《预算法实施条例》(国务院令第 186 号)第六十二条,"……预算支出,必须按照本级政府财政部门批复的预算科目和数额执行……"。

(三)处理处罚和处分适用政策

1.《党政机关厉行节约反对浪费条例》(2013 年 11 月)第五十八条,"有下列情形之一的,追究相关人员的责任:……(三)违反审批要求擅自变通执行的;……"。

2.《机关事务管理条例》(国务院令第 621 号)第三十二条,"违反本条例规定,有下列情形之一的,由上级机关责令改正,并由任免机关或者监察机关对责任人员给予警告处分;情节较重的,给予记过或者记大过处分;情节严重的,给予降级或者撤职处分:(一)超预算、超标准开支……因公出国(境)费,或者挪用其他预算资金用于……因公出国(境)的;……"。

3.《因公短期出国培训费用管理办法》(财行〔2014〕4 号)

第十八条，"各单位以及培训人员违反本办法规定，有下列行为之一的，相关开支一律不予报销，并按照《财政违法行为处罚处分条例》和《党政机关厉行节约反对浪费条例》等有关规定予以处理：（一）无预算或未经财务部门同意安排出国培训项目的；……"。

案例 3—3 因公出国支出超标准

（一）**基本事实**

1. 2017 年，×× 部门本级因公出国团组超标准报销境外城市内租车和住宿费等费用，涉及资金 30.90 万元；

2. 2016 年，×× 部门本级 1 个因公出国团组超标准报销出国费用，涉及资金 3.15 万元；

3. 2016 年，×× 部门本级和所属 ×× 单位 20 个因公出国团组超标准报销因公出国期间的市内租车费用，涉及资金 23.95 万元；

4. 2014 年，×× 部门本级 5 个因公出国团组超标准列支公杂费 12.46 万元，2 个因公出国团组超标准列支住宿费 1.35 万元；

5. 2014 年，×× 部门本级 2 个出国团组超标准报销出访期间住宿费 3.12 万元。

（二）**定性适用政策**

1.《党政机关厉行节约反对浪费条例》（2013 年 11 月）第

十七条，"出国团组……不得安排超标准住房和用车……"。

2.《因公临时出国经费管理办法》（财行〔2013〕516号）第四条，"……各地区各部门各单位应当严格执行各项经费开支标准……"；第八条，"因公临时出国经费包括：国际旅费、国外城市间交通费、住宿费、伙食费、公杂费和其他费用……公杂费是指出国人员在国外期间的市内交通、邮电、办公用品、必要的小费等费用……"；第十一条，"……出国人员应当严格按照规定安排住宿……在规定的住宿费标准之内予以报销"；第十六条，"……各单位财务部门应当根据本办法制定本单位财务报销审批的具体规定，加强对因公临时出国团组的经费核销管理。各单位财务部门应当对因公临时出国团组提交的出国任务批件、护照（包括签证和出入境记录）复印件及有效费用明细票据进行认真审核，严格按照批准的出国团组人员、天数、路线、经费预算及开支标准核销经费，不得核销与出访任务无关的开支"。

3.《关于调整因公临时出国住宿费标准等有关事项的通知》（财行〔2017〕434号）二，"出国人员在境外往返机场的交通费用，可参照城市间交通费有关规定执行"。除此之外，因公出国期间，市内交通费应在公杂费中包干使用。

（三）处理处罚和处分适用政策

1.《党政机关厉行节约反对浪费条例》（2013年11月）第五十八条，"有下列情形之一的，追究相关人员的责任：……

（四）违反管理规定超标准或者以虚假事项开支的；……"。

2.《机关事务管理条例》（国务院令第 621 号）第三十二条，"违反本条例规定，有下列情形之一的，由上级机关责令改正，并由任免机关或者监察机关对责任人员给予警告处分；情节较重的，给予记过或者记大过处分；情节严重的，给予降级或者撤职处分：（一）超预算、超标准开支……因公出国（境）费的；……"。

3.《因公临时出国经费管理办法》（财行〔2013〕516 号）第二十条，"组团单位应当采取集中形式，对团组全体人员进行行前财经纪律教育。对出国人员违反本办法规定，有下列行为之一的，除相关开支一律不予报销外，按照《财政违法行为处罚处分条例》等有关规定严肃处理，并追究有关人员责任：……（二）擅自提高经费开支标准的……"。

案例 3—4　违规支出和报销因公出国费用

（一）基本事实

1. 2014 年，××部门本级 8 个因公出国团组未经批准擅自对外赠礼且在出国费用中予以列支，涉及资金 3.56 万元；

2. 2014 年，××部门所属××单位 7 个因公出国团组使用不合规发票报销入账，涉及资金 45.81 万元；

3. 2014 年，××部门所属××单位在未按规定附相关发票、批件等财务报销必要手续的情况下，报销 23 个因公出国团组出国费用，涉及资金 258.02 万元；

4. 2014 年，××部门本级有 1 个因公出国团组在公杂费（含城市内交通费）已发放给个人的情况下，又报销境外城市内租车费 1.52 万元。

（二）定性适用政策

1.《党政机关厉行节约反对浪费条例》（2013 年 11 月）第十八条，"……严格遵守因公出境经费预算、支出、使用、核算等财务制度……"。

2.《因公临时出国经费管理办法》（财行〔2013〕516 号）第八条，"因公临时出国经费包括：国际旅费、国外城市间交通费、住宿费、伙食费、公杂费和其他费用。国际旅费，是指出境口岸至入境口岸旅费。国外城市间交通费，是指为完成工作任务所必须发生的，在出访国家的城市与城市之间的交通费用。住宿费是指出国人员在国外发生的住宿费用。伙食费是指出国人员在国外期间的日常伙食费用。公杂费是指出国人员在国外期间的市内交通、邮电、办公用品、必要的小费等费用。其他费用主要是指出国签证费用、必需的保险费用、防疫费用、国际会议注册费用等"；第十二条，"伙食费和公杂费按照下列规定执行：（一）出国人员伙食费、公杂费可以按规定的标准发给个人包干使用。包干天数按离、抵我国国境之日计算。（二）根据工作需要和特点，不宜个人包干的出访团组，其伙食费和公杂费由出访团组统一掌握，包干使用……"；第十四条，"出访团组在国外期间，收授礼品应当严格按有关规定执行。原则上不对外赠送礼品，确有必要赠送的，应当事先报经本单位外事和财务部门审批同意，按照厉行节俭的原则，选择具有民族特色的纪念品、传统手工艺品和实用物品，朴素大方，不求奢华。出访团组与我国驻外使领馆等外交机构和其他中资机构、企业之间一律不得以任何名义、任何方式互赠礼品或纪念品"；第十六条，"出国人员回国报销费用时，须凭有效票据填报有团组负责人审核签字的国外费用报销单（具体表格由各单位制定）。各种报销凭证须用中文注明开支内容、日期、数量、金额等，并由经办人签字。各单位财务部门应当根据本办法制定本单位财务报销审批的具体规定，加强对因公临时出国团组的经费核销管理。各单位财务部门应当对因公临时出国团组提交的出国任务批件、护照（包括签证和出入境记录）复印件及有效费用明细票据进行认真审核，严格按照批准的出国团组人员、天数、路线、经费预算及开支标准核销经费，不得核销与出访任务无关的开支"。

3.《加强党政干部因公出国（境）经费管理暂行办法》（财行〔2008〕230号）第九条，"财务部门应进一步严格对因公出国（境）团组的经费核销管理。对因公出国（境）团组提供的出国（境）任务批件、护照（包括签证和出入境记录）复印件及有效费用明细票据进行认真审核，严格按照批准的出国

（境）团组人数、天数、出国路线、经费计划以及有关的经费开支标准等进行核销，不得核销与公务活动无关的开支和计划外发生的费用，不得核销虚假费用单据"。

（三）处理处罚和处分适用政策

《因公临时出国经费管理办法》（财行〔2013〕516号）第二十条，"组团单位应当采取集中形式，对团组全体人员进行行前财经纪律教育。对出国人员违反本办法规定，有下列行为之一的，除相关开支一律不予报销外，按照《财政违法行为处罚处分条例》等有关规定严肃处理，并追究有关人员责任：（一）违规扩大出国经费开支范围的；……（四）使用虚假发票报销出国费用的……"。

案例 3—5 摊派转嫁因公出国费用

（一）基本事实

1. 2017年，××部门所属××单位组织34人赴国外参加相关活动，从民营公司专项资助款中支付因公出国费用，涉及资金190.71万元；

2. 2016年，××部门本级因公出国费转由其所属单位承担，涉及资金25.57万元；

3. 2016年，××部门所属××单位由其下属企业承担因公出国费用，涉及资金286.68万元；

4. 2014年，××部门所属××单位2名工作人员因公出国费用转由其他单位承担，涉及资金 3.88 万元。

（二）定性适用政策

1.《党政机关厉行节约反对浪费条例》（2013 年 11 月）第十六条，"……严禁向所属单位、企业、我国驻外机构等摊派或者转嫁出国费用"。

2.《因公临时出国经费管理办法》（财行〔2013〕516 号）第六条，"……各地区各部门各单位……严禁接受或变相接受企事业单位资助，严禁向同级机关、下级机关、下属单位、企业、驻外机构等摊派或转嫁出访费用"。

3.《加强党政干部因公出国（境）经费管理暂行办法》（财行〔2008〕230 号）第五条，"……各级党政机关不得超预算或无预算安排出国（境）团组，不得接受或变相接受企事业单位资助，或向同级机关、下级机关和下属单位摊派、转嫁费用"；第七条，"……（七）对于部门预算中未安排出国（境）经费预算，要求使用其他经费（包括单位行政、事业经费，摊派经费，企业赞助经费等）的因公出国（境）团组申请，视为无出国（境）经费预算安排，财务部门一律不得出具认可意见。凡未经财务部门经费审核认可的因公出国（境）申请，各级外事审批部门一律不予批准"。

4.《关于坚决制止公款出国（境）旅游的通知》（2009 年 2 月）规定，"二、……党政干部因公出国（境）不得挪用其他公共资金，不得由企事业单位出资或补助，不得向下属机构和地方摊派……"。

（三）处理处罚和处分适用政策

《因公临时出国经费管理办法》（财行〔2013〕516号）第二十条，"组团单位应当采取集中形式，对团组全体人员进行行前财经纪律教育。对出国人员违反本办法规定，有下列行为之一的，除相关开支一律不予报销外，按照《财政违法行为处罚处分条例》等有关规定严肃处理，并追究有关人员责任；……（五）其他违反本办法的行为"。

案例 3—6　违规使用其他经费因公出国

（一）基本事实

1. 2018年，××部门所属××单位在因公出国培训经费预算外使用财政专项资金支付有关人员出国培训费用，涉及资金580.92万元；

2. 2014年，××部门本级未经批准擅自在财政项目经费中列支因公出国费用，涉及资金288.53万元；

3. 2014年，××部门所属××单位未经批准擅自在财政项目经费中列支因公出国费用，涉及资金11.77万元。

（二）定性适用政策

1.《党政机关厉行节约反对浪费条例》（2013年11月）第七条，"……严格控制……因公临时出国（境）费……等支出……"；第十六条，"……严禁违反规定使用出国经费预算以外资金作为出国经费……"。

2.《机关事务管理条例》(国务院令第 621 号)第十二条，"……政府各部门应当根据工作需要和机关运行经费预算制定……因公出国（境）费支出计划，不得挪用其他预算资金用于……因公出国（境）"。

3.《因公临时出国经费管理办法》(财行〔2013〕516 号)第四条，"……不得超预算或无预算安排出访团组"。

4.《因公短期出国培训费用管理办法》(财行〔2014〕4 号)第五条，"……无预算或超预算的不得安排出国培训"。

5.《加强党政干部因公出国（境）经费管理暂行办法》(财行〔2008〕230 号)第七条，"……（七）对于部门预算中未安排出国（境）经费预算，要求使用其他经费（包括单位行政、事业经费，摊派经费，企业赞助经费等）的因公出国（境）团组申请，视为无出国（境）经费预算安排，财务部门一律不得出具认可意见。凡未经财务部门经费审核认可的因公出国（境）申请，各级外事审批部门一律不予批准"。

6.《国务院办公厅关于对贯彻落实"约法三章"进一步加强督促检查的意见》(国办发〔2013〕105 号)，"……公费出国……只减不增……严格贯彻落实'三公'经费只减不增的要求……"。

7.《中华人民共和国预算法》(2015 年 1 月)第十三条，"……必须以经批准的预算为依据，未列入预算的不得支出"。

8.《预算法实施条例》（国务院令第 186 号）第六十二条，"……预算支出，必须按照本级政府财政部门批复的预算科目和数额执行……"。

9.《中华人民共和国会计法》（2017 年 11 月）第九条，"各单位根据实际发生的经济业务事项进行会计核算，填制会计凭证，登记会计账簿，编制财务会计报告。任何单位不得以虚假的经济业务事项或者资料进行会计核算"。

（三）处理处罚和处分适用政策

1.《机关事务管理条例》（国务院令第 621 号）第三十二条，"违反本条例规定，有下列情形之一的，由上级机关责令改正，并由任免机关或者监察机关对责任人员给予警告处分；情节较重的，给予记过或者记大过处分；情节严重的，给予降级或者撤职处分：（一）……挪用其他预算资金用于……因公出国（境）的；……"。

2.《因公短期出国培训费用管理办法》（财行〔2014〕4 号）第十八条，"各单位以及培训人员违反本办法规定，有下列行为之一的，相关开支一律不予报销，并按照《财政违法行为处罚处分条例》和《党政机关厉行节约反对浪费条例》等有关规定予以处理：（一）无预算或未经财务部门同意安排出国培训项目的；……"。

案例 3—7 因公出国违规购置外航机票

（一）基本事实

1. 2014 年，×× 部门本级 2 个因公出国团组未经批准擅自选择外国航空公司航线，涉及资金 26.67 万元；

2. 2014 年，×× 部门未经审批选择外国航空公司航线并支付国际旅费，涉及资金 24.8 万元。

（二）定性适用政策

1.《因公临时出国经费管理办法》（财行〔2013〕516 号）第九条，"国际旅费按照下列规定执行：（一）选择经济合理的路线。出国人员应当优先选择由我国航空公司运营的国际航线，由于航班衔接等原因确需选择外国航空公司航线的，应当事先报经单位外事和财务部门审批同意……（三）因公临时出国购买机票，须经本单位外事和财务部门审批同意……"。

2.《关于加强公务机票购买管理有关事项的通知》（财库〔2014〕33 号），"三、因公临时出国时，购票人应当选择直达目的地国家（地区）的国内航空公司航班出入境，没有直达航班的，应当选择国内航空公司航班到达的最邻近目的地国家（地区）进行中转。因中转 1 次以上（不含 1 次）等特殊原因确需选择非国内航空公司航班，以及因最临近目的地国家（地区）中转需办理过境签证而选择其他邻近中转地的，应当填写《乘坐非国内航空公司航班和改变中转地审批表》，事先报经单位外事部门和财务部门审批同意";"六、各部门各单位要严格公务机票报销管理……购买非国内航空公司航班机票的，应当以相关有效票据作为报销凭证，并附经单位外事部门和财务部门出具审核意见的审批表……"。

（三）处理处罚和处分适用政策

《因公临时出国经费管理办法》（财行〔2013〕516号）第二十条，"组团单位应当采取集中形式，对团组全体人员进行行前财经纪律教育。对出国人员违反本办法规定，有下列行为之一的，除相关开支一律不予报销外，按照《财政违法行为处罚处分条例》等有关规定严肃处理，并追究有关人员责任：……（五）其他违反本办法的行为"。

案例　3—8　因公出国违规乘坐交通工具

（一）基本事实

2014年，××部门本级4个因公出国团组违规安排司局级干部（非中央管理正司局干部）4人次乘坐飞机头等舱。

（二）定性适用政策

1.《党政机关厉行节约反对浪费条例》（2013年11月）第十七条，"出国团组应当按规定标准安排交通工具和食宿……"。

2.《因公临时出国经费管理办法》（财行〔2013〕516号）第九条，"国际旅费按照下列规定执行：……（五）省部级人员可以乘坐飞机头等舱、轮船一等舱、火车高级软卧或全列软席列车的商务座；司局级人员可以乘坐飞机公务舱、轮船二等舱、火车软卧或全列软席列车的一等座；其他人员均乘坐飞机经济舱、轮船三等舱、火车硬卧或全列软席列车的二等座。所乘交通工具舱位等级划分与以上不一致的，可乘坐同等水平的舱位。所乘交通工具未设置上述规定中本级别人员可乘坐舱位等级的，应乘坐低一等级舱位。上述人员发生的国际旅费据实报销……"。

（三）处理处罚和处分适用政策

1.《党政机关厉行节约反对浪费条例》（2013 年 11 月）第五十八条，"有下列情形之一的，追究相关人员的责任：……（三）违反审批要求擅自变通执行的；（四）违反管理规定超标准或者以虚假事项开支的；……"。

2.《因公临时出国经费管理办法》（财行〔2013〕516 号）第二十条，"组团单位应当采取集中形式，对团组全体人员进行行前财经纪律教育。对出国人员违反本办法规定，有下列行为之一的，除相关开支一律不予报销外，按照《财政违法行为处罚处分条例》等有关规定严肃处理，并追究有关人员责任：……（五）其他违反本办法的行为"。

案例 3—9　因公出国"绕道""拐弯"

（一）基本事实

1. 2015 年，××部门所属××单位 2 名工作人员赴

××国公务活动期间，未经报批前往第三国执行公务；

2. 2015 年，××部门所属××单位派 2 名工作人员赴××国参加国际会议，参会工作人员未经批准擅自绕道其他 2 个国家的 4 个城市；

3. 2013 年，××部门所属××单位派 2 名工作人员赴××国参加国际会议，其中 1 名参会工作人员擅自绕道××国的其他城市；

4. 2013 年，××部门所属××单位因公出国考察团 5 名工作人员赴××国执行公务，期间未经批准擅自更改行程赴××国其他 3 个城市参观，多列支出国费用 5.87 万元，接受有关检查时还故意提供虚假行程单。

（二）定性适用政策

1.《党政机关厉行节约反对浪费条例》（2013 年 11 月）第十七条，"……不得擅自绕道旅行……"。

2.《因公临时出国经费管理办法》（财行〔2013〕516 号）第五条，"出访团组实行计划审批管理，并按照下列规定执行：（一）各地区各部门各单位应当认真贯彻中央有关外事管理规定……严格控制因公临时出国团组人数、国家数和在外停留天数，正确执行限量管理规定……"；第九条，"国际旅费按照下列规定执行：（一）……不得以任何理由绕道旅行，或以过境名义变相增加出访国家和时间"；第十条，"出国人员根据出访任务需要在一个国家城市间往来，应当事先在出国计划中列明，并报本单位外事和财务部门批准。未列入出国计划、未经本单位外事和财务部门批准的，不得在国外城市间往来……"；第十六条，"……各单位财务部门应当根据本办法制定本单位财务报销审批的具体规定，加强对因公临时出国团组的经费核销管理。各单位财务部门应当对因公临时出国团组提交的出国任务批件、护照（包括签证和出入境记录）复印件及有效费用明细票据进行认真审核，严格按照批准的出国团组人员、天数、路线、经费预算及开支标准核销经费，不得核销与出访任务无关的开支"。

3.《加强党政干部因公出国（境）经费管理暂行办法》（财行〔2008〕230号）第九条，"财务部门应进一步严格对因公出国（境）团组的经费核销管理。对因公出国（境）团组提供的出国（境）任务批件、护照（包括签证和出入境记录）复印件及有效费用明细票据进行认真审核，严格按照批准的出国（境）团组人数、天数、出国路线、经费计划以及有关的经费开支标准等进行核销，不得核销与公务活动无关的开支和计划外发生的费用，不得核销虚假费用单据"。

4.《关于坚决制止公款出国（境）旅游的通知》（2009年2月）规定，"四、……不得擅自更改行程，增加出访国家、地区或城市，延长境外停留时间……"。

（三）处理处罚和处分适用政策

1.《党政机关厉行节约反对浪费条例》（2013年11月）第

五十八条有下列情形之一的，追究相关人员的责任：……（三）违反审批要求擅自变通执行的；（四）违反管理规定超标准或者以虚假事项开支的；……。

2.《因公临时出国经费管理办法》（财行〔2013〕516号）第二十条，"组团单位应当采取集中形式，对团组全体人员进行行前财经纪律教育。对出国人员违反本办法规定，有下列行为之一的，除相关开支一律不予报销外，按照《财政违法行为处罚处分条例》等有关规定严肃处理，并追究有关人员责任：……（五）其他违反本办法的行为"。

案例 3—10　**因公出国擅自增加境外停留时间**

（一）基本事实

1. 2018年，××部门本级11个因公出国团组在国外超期停留，共超47人天；

2. 2014年，××部门本级2名工作人员未经批准擅自延长境外停留时间5天和8天。

（二）定性适用政策

1.《党政机关厉行节约反对浪费条例》（2013年11月）第十七条，"……不得擅自延长在国外停留时间"。

2.《因公临时出国经费管理办法》（财行〔2013〕516号）第五条，"出访团组实行计划审批管理，并按照下列规定执行：（一）各地区各部门各单位应当认真贯彻中央有关外事管理规定……严格控制因公临时出国团组人数、国家数和在外停留天数，正确执行限量管理规定……"；第九条，"国际旅费按照下列规定执行：（一）……不得以任何理由绕道旅行，或以过境名义变相增加出访国家和时间……"；第十六条，"……各单位财务部门应当根据本办法制定本单位财务报销审批的具体规定，加强对因公临时出国团组的经费核销管理。各单位财务部门应当对因公临时出国团组提交的出国任务批件、护照（包括签证和出入境记录）复印件及有效费用明细票据进行认真审核，严格按照批准的出国团组人员、天数、路线、经费预算及开支标准核销经费，不得核销与出访任务无关的开支"。

3.《加强党政干部因公出国（境）经费管理暂行办法》（财行〔2008〕230号）第九条，"财务部门应进一步严格对因公出国（境）团组的经费核销管理。对因公出国（境）团组提供的出国（境）任务批件、护照（包括签证和出入境记录）复印件及有效费用明细票据进行认真审核，严格按照批准的出国（境）团组人数、天数、出国路线、经费计划以及有关的经费开支标准等进行核销，不得核销与公务活动无关的开支和计划外发生的费用，不得核销虚假费用单据"。

4.《关于坚决制止公款出国（境）旅游的通知》（2009年2月）规定，"四、……不得擅自更改行程，增加出访国家、地区或城市，延长境外停留时间……"。

（三）处理处罚和处分适用政策

1. 《党政机关厉行节约反对浪费条例》（2013年11月）第五十八条，"有下列情形之一的，追究相关人员的责任：……（三）违反审批要求擅自变通执行的；……"。

2. 《因公临时出国经费管理办法》（财行〔2013〕516号）第二十条，"组团单位应当采取集中形式，对团组全体人员进行行前财经纪律教育。对出国人员违反本办法规定，有下列行为之一的，除相关开支一律不予报销外，按照《财政违法行为处罚处分条例》等有关规定严肃处理，并追究有关人员责任：……（五）其他违反本办法的行为"。

案例 3—11　因公出国持因私护照

（一）基本事实

1. 2017年，××部门所属××单位组织33人赴××国执行公务，其中3人持因私护照；

2. 2014年，××部门所属××单位未经批准自行组织有关人员持因私护照出国参加国际会议，支付出国费用，涉及资金181.58万元；

3. 2014年，××部门所属××单位共15人次持因私护照出国执行公务，涉及资金35.47万元；

4. 2014年，××部门所属××部门8名工作人员未经批准持因私护照出国参加国际会议。

（二）定性适用政策

1. 2008 年 3 月国家印发加强因公出国（境）管理的有关规定，明确严禁持普通护照出国执行公务。

2.《加强党政干部因公出国（境）经费管理暂行办法》（财行〔2008〕230 号）第九条，"……除中央有关文件规定的特殊情况外，各级财务部门一律不得报销党政干部持因私出国（境）证件的出国（境）费用"。

3.《关于坚决制止公款出国（境）旅游的通知》（2009 年 2 月）规定，"二、……不得用公款报销违反规定持因私证件出国（境）的费用"。

（三）处理处罚和处分适用政策

2008 年 3 月国家印发加强因公出国（境）管理的有关规定，对通过因私渠道执行公务或公款报销因私出国（境）费用的情况，要求严肃处理该单位及相关责任人。

案例 3—12 违规安排人员公务出国

（一）基本事实

1. 2018 年，×× 部门所属 ×× 单位安排无关人员参加因公出国团组并支付费用，涉及资金 5.5 万元；

2. 2017 年，×× 部门所属 ×× 单位 1 个因公出国团组未经批准组织企业人员参加；

3. 2016 年，×× 部门本级 1 个因公出国团组超规定人数

1 人；

4. 2015 年，×× 部门本级 2 个因公出国团组各安排了 1 名与出国任务无关人员参团；

5. 2014 年，×× 部门本级 5 个因公出国团组超过规定人数 8 人次。

（二）定性适用政策

1.《党政机关厉行节约反对浪费条例》（2013 年 11 月）第十五条，"统筹安排年度因公临时出国计划，严格控制团组数量和规模……严格执行因公临时出国限量管理规定，不得把出国作为个人待遇、安排轮流出国……"。

2.《因公临时出国经费管理办法》（财行〔2013〕516 号）第三条，"各地区各部门各单位……严格控制因公临时出国规模……"；第五条，"出访团组实行计划审批管理，并按照下列规定执行：（一）……严格控制因公临时出国团组人数、国家数和在外停留天数，正确执行限量管理规定。（二）因公临时出国应当坚持因事定人的原则，不得因人找事，不得安排照顾性和无实质内容的一般性出访，不得安排考察性出访……"；第十六条，"各单位财务部门应当根据本办法制定本单位财务报销审批的具体规定，加强对因公临时出国团组的经费核销管理。各单位财务部门应当对因公临时出国团组提交的出国任务批件、护照（包括签证和出入境记录）复印件及有效费用明细票据进行认真审核，严格按照批准的出国团组人员、天数、路线、经费预算及开支标准核销经费，不得核销与出访任务无关的开支"。

3. 2008年3月国家印发加强因公出国（境）管理的有关规定，对不同级别的出国团组人数有明确规定。

4.《加强党政干部因公出国（境）经费管理暂行办法》（财行〔2008〕230号）第九条，"财务部门应进一步严格对因公出国（境）团组的经费核销管理。对因公出国（境）团组提供的出国（境）任务批件、护照（包括签证和出入境记录）复印件及有效费用明细票据进行认真审核，严格按照批准的出国（境）团组人数、天数、出国路线、经费计划以及有关的经费开支标准等进行核销，不得核销与公务活动无关的开支和计划外发生的费用，不得核销虚假费用单据"。

（三）处理处罚和处分适用政策

1.《党政机关厉行节约反对浪费条例》（2013年11月）第五十八条，"有下列情形之一的，追究相关人员的责任：……（三）违反审批要求擅自变通执行的；……"。

2.《因公临时出国经费管理办法》（财行〔2013〕516号）第二十条，"组团单位应当采取集中形式，对团组全体人员进行行前财经纪律教育。对出国人员违反本办法规定，有下列行为之一的，除相关开支一律不予报销外，按照《财政违法行为处罚处分条例》等有关规定严肃处理，并追究有关人员责任：……（五）其他违反本办法的行为"。

案例 3—13　因公出国次数违规

（一）基本事实

1. 2017 年，××部门本级司局级及以下工作人员因公临时出国次数未从严控制，有 40 人（85 人次）一年 2 次以上出国；

2. 2017 年，××部门本级 2 名工作人员因公出国超出政策规定的限制次数；

3. 2016 年，××部门本级 2 个因公出国团组中，4 名非从事外事工作的人员距上次因公出国时间不满 2 年。

（二）定性适用政策

2008 年 3 月国家印发加强因公出国（境）管理的有关规定，对因公出国人数、天数、次数作出明确规定。

（三）处理处罚和处分适用政策

2008 年 3 月国家印发加强因公出国（境）管理的有关规定，对于不按规定报批，弄虚作假，不按报批内容、路线和日程出国（境），违规下发各类组团通知……等行为，要求严肃处理单位及相关责任人。

案例 3—14　短期出国培训混为一般性因公出国

（一）基本事实

2019 年，××部门所属××单位执行的 2 个因公出国短期培训团组混淆为一般性因公出国团组管理，这两个团组分别各赴 2 个国家且停留的城市分别为 3 个和 5 个，1 个培训团组未与境外承办机构签订培训协议。

（二）定性适用政策

1.《因公短期出国培训费用管理办法》（财行〔2014〕4 号）第六条，"因公短期出国培训实行计划审核审批管理……"；第十条，"组团单位和培训项目境外承办机构双方应当签订培训协议，明确培训费用的明细支出项目"。

2. 2008 年 3 月国家印发加强因公出国（境）管理的有关规定，文件要求出国（境）培训团组在 1 国内完成有关培训。

3. 2019 年 4 月国家有关部门发布有关出国（境）培训工作相关审批审核职能调整事项的通知，通知要求短期项目培训地点一般不超过两个城市。

（三）处理处罚和处分适用政策

《因公短期出国培训费用管理办法》（财行〔2014〕4 号）第十八条，"各单位以及培训人员违反本办法规定，有下列行为之一的，相关开支一律不予报销，并按照《财政违法行为处罚处分条例》和《党政机关厉行节约反对浪费条例》等有关规定予以处理：……（七）其他违反本办法的行为"。

第三节　问题讨论

讨论 3—1　出访目的地无国内航空公司航线而目的地所在国家临近城市有国内航空公司航线，是否可以选择飞往临近城市？

根据《国际航线选择标准以及外事部门审批原则》（政府采购机票网站）"2.购票人计划到达的国外目的地城市非我国航空公司已通航城市，但目的地城市所在国家（地区）有通航城市的。购票人应当选择我国航空公司直达目的地国家（地区）其他通航城市的航班，再转乘国外航空公司航班至目的地城市，此类情况不需要审批。"的规定，对于出访目的地无国内航空公司航线而目的地所在国家临近城市有国内航空公司航线，可以选择飞往临近城市。

讨论 3—2　自有资金能否用于因公出国？

在编报部门预算时，"中央部门预算管理系统"中包括因公出国在内的"三公"经费来源可填列"财政拨款""财政拨款结转资金""教育收费安排支出"以及"其他资金"等。实际工作中，"其他资金"一般包括"自有资金"。

从另一个角度说，即使允许使用自有资金用于因公出国，也必须遵守两个前提，即《因公临时出国经费管理办法》（财行〔2013〕516号）第四条，"因公临时出国经费应当全部纳入预算管理……严格控制因公临时出国经费总额，科学合理地安排因公临时出国经费预算。……确有特殊需要的，按规定程序报批"。以及《党政机关厉行节约反对浪费条例》（2013年11月）第四条，"……应当遵循下列原则：坚持从严从简，勤俭办一切事业，降低公务活动成本……"等。

第四章　会议活动

◎ 《中国共产党纪律处分条例》（2018 年 8 月）

第一百零八条　违反会议活动管理规定，有下列行为之一，对直接责任者和领导责任者，情节较重的，给予警告或者严重警告处分；情节严重的，给予撤销党内职务处分：

（一）到禁止召开会议的风景名胜区开会的；

（二）决定或者批准举办各类节会、庆典活动的。

擅自举办评比达标表彰活动或者借评比达标表彰活动收取费用的，依照前款规定处理。

◎ 2012 年以来涉及"会议活动"的重要制度政策

1.《节庆活动管理办法（试行）》（2012 年 5 月）

2.《党政机关厉行节约反对浪费条例》（2013 年 11 月）

3.《关于严禁党政机关到风景名胜区开会的通知》（2014年 9 月）

4.《党政机关会议定点管理办法》（财行〔2015〕1号）

5.《中央和国家机关会议费管理办法》（财行〔2016〕214号）

6.有关在华举办国际会议经费管理的规定

第一节　管理红线和标准

规矩 4—1 《节庆活动管理办法（试行）》

（一）财务管理应关注的"不得""禁止"等红线及"罚则"

第十一条　严禁举办宣扬封建迷信、文化糟粕的节庆活动。

第十二条　……直辖市、省会（自治区首府）城市及副省级城市一般不举办城市周年庆典，市（地）、县（市）不得举办任何形式的周年庆典活动。

第十三条　学校、医院、科研院所等事业单位一般不举办周年庆典活动……

第十四条　各级党政机关不得举办楼堂馆所奠基和竣工庆典活动。

第十五条　中央和国家机关及其所属机关、事业单位等原则上不得与地方联合举办（包括主办、协办、赞助、支持等名义）节庆活动……

第十六条　……举办节庆活动原则上不搞周期化，确需定期举办的，应当专项报批。

第二十条　举办节庆活动……所需经费实行谁举办谁负责，由举办单位承担，不得向下级单位、企业和个人转嫁费用。

第二十一条　……不得借举办活动发放礼金、礼品、贵重纪念品和各种有价证券、支付凭证，不得重金邀请各类名人参与活动，不得利用节庆活动为单位或者个人谋取私利。

第二十二条　……未经批准，县处级以上领导干部（包括离退休领导干部）不得出席各类节庆活动，不得在活动中挂名任职、发贺信贺电、题词、剪彩等。领导干部原则上不得出席与本职工作无关的节庆活动。

第二十三条　各地区各部门举办的节庆活动，原则上不邀请党和国家领导人出席……

第二十六条　纪检监察、审计机关和财政等部门应当加强对举办节庆活动的监督检查。对擅自举办节庆活动，违规邀请领导干部出席以及领导干部违规出席活动，以举办活动为由向基层、企业和群众收费、摊派、拉赞助，挥霍浪费、滥发钱物等违规违纪行为，依照有关规定严肃处理。

（二）名词解释

节庆活动：是指以公祭、旅游、历史文化、特色物产、机关单位成立、行政区划变更、工程奠基或者竣工等名义举办的各类节会、庆典活动。

（三）适用范围

1.适用于党的机关、人大机关、行政机关、政协机关、审判机关、检察机关以及所属的事业单位等举办的各类节庆活动；

2.适用于人民团体、经国务院批准免于登记的社会团体以及所属的事业单位等举办的各类节庆活动；

3.国有和国有控股企业举办节庆活动，参照本办法执行；

4.中国人民解放军和中国人民武装警察部队举办节庆活动，按照军队的有关规定执行；

5.党中央、国务院决定开展的节庆活动，国家设立的节日、纪念日、活动日的节庆活动，少数民族传统节日的节庆活动，不适用本办法。

规矩 4—2 《党政机关厉行节约反对浪费条例》

（一）财务管理应关注的"不得""禁止"等红线及"罚则"

第十条 ……严格开支范围和标准，严格支出报销审核，不得报销任何超范围、超标准以及与相关公务活动无关的费用。

第三十一条 ……会议期间，不得安排宴请，不得组织旅游以及与会议无关的参观活动，不得以任何名义发放纪念品。未经批准以及超范围、超标准开支的会议费用，一律不予报销。严禁违规使用会议费购置办公设备，严禁列支公务接待费等与会议无关的任何费用，严禁套取会议资金。

第三十二条　严禁以培训名义召开会议。

第三十三条　未经批准，党政机关不得以公祭、历史文化、特色物产、单位成立、行政区划变更、工程奠基或者竣工等名义举办或者委托、指派其他单位举办各类节会、庆典活动，不得举办论坛、博览会、展会活动。严禁使用财政性资金举办营业性文艺晚会。从严控制举办大型综合性运动会和各类赛会。经批准的节会、庆典、论坛、博览会、展会、运动会、赛会等活动，应当严格控制规模和经费支出，不得向下属单位摊派费用，不得借举办活动发放各类纪念品，不得超出规定标准支付费用邀请名人、明星参与活动。

第三十四条　评比达标表彰项目费用由举办单位承担，不得以任何方式向相关单位和个人收取费用。

第五十八条　有下列情形之一的，追究相关人员的责任：（一）未经审批列支财政性资金的；（二）采取弄虚作假等手段违规取得审批的；（三）违反审批要求擅自变通执行的；（四）违反管理规定超标准或者以虚假事项开支的；（五）利用职务便利假公济私的；（六）有其他违反审批、管理、监督规定行为的。

第五十九条　有下列情形之一的，追究主要负责人或者有关领导干部的责任：（一）本地区、本部门、本单位铺张浪费、奢侈奢华问题严重，对发现的问题查处不力，干部群众反映强烈的；（二）指使、纵容下属单位或者人员违反本条例规定造成浪费的；（三）不履行内部审批、管理、监督职责造成浪费的；（四）不按规定及时公开本地区、本部门、本单位有关厉行节约反对浪费工作信息的；（五）其他对铺张浪费问题负有领导责任的。

第六十条　违反本条例规定造成浪费的，根据情节轻重，由有关部门依照职责权限给予批评教育、责令作出检查、诫勉谈话、通报批评或者调离岗位、责令辞职、免职、降职等处理。应当追究党纪政纪责任的，依照《中国共产党纪律处分条例》《行政机关公务员处分条例》等有关规定给予相应的党纪政纪处分。涉嫌违法犯罪的，依法追究法律责任。

第六十一条　违反本条例规定获得的经济利益，应当予以收缴或者纠正。违反本条例规定，用公款支付、报销应由个人支付的费用，应当责令退赔。

（二）适用范围

1.适用于党的机关、人大机关、行政机关、政协机关、审判机关、检察机关；

2.适用于工会、共青团、妇联等人民团体；

3.适用于参照公务员法管理的事业单位；

4.国有企业、国有金融企业、不参照公务员法管理的事业单位参照执行。

规矩 4—3 《关于严禁党政机关到风景名胜区开会的通知》

（一）财务管理应关注的"不得""禁止"等红线及"罚则"

第一条　各级党政机关一律不得到八达岭—十三陵、承德避暑山庄外八庙、五台山、太湖、普陀山、黄山、九华山、武夷山、庐山、泰山、嵩山、武当山、武陵源（张家界）、白云山、桂林漓江、三亚热带海滨、峨眉山—乐山大佛、九寨沟—黄龙、黄果树、西双版纳、华山 21 个风景名胜区召开会议，禁止召开会议的区域范围以风景名胜区总体规划确定的核心景区地域范围为准。

第二条　地方各级党政机关的会议一律在本行政区域内召开，不得到其他地区召开。因工作需要确需跨行政区域召开会议的，必须报同级党委、政府批准。严禁超出规定时限为参会人员提供食宿，严禁组织与会议无关的参观、考察等活动。

第四条　严禁各级党政机关以召开会议等名义组织公款旅游；严禁在会议费中列支风景名胜区等各类旅游景点门票费、导游费、景区内设施使用费、往返景区交通费等应由个人承担的费用。严禁向下级单位以及旅游景区管理部门、接待服务场所、旅游中介公司等单位转嫁上述费用。严禁违反规定要求旅游景区管理部门、有关企业等单位免除上述费用。

（二）适用范围

1.适用于各级党的机关、人大机关、行政机关、政协机关、审判机关、检察机关；

2.适用于工会、共青团、妇联等人民团体；

3.适用于参照公务员法管理的事业单位。

规矩 4—4 《党政机关会议定点管理办法》

（一）财务管理应关注的"不得""禁止"等红线及"罚则"

第十六条　会议定点场所在协议期内不得提高协议价格。

第二十三条　党政机关在会议定点场所举办会议应当严格执行定点协议，不得要求会议定点场所虚报会议天数、人数、开具虚假发票等。

第二十五条　会议定点场所有以下行为之一的，经调查属实，第一次予以书面警告，第二次取消会议定点场所资格，情节严重的不得参加下一轮次的会议定点场所政府采购：（一）无正当理由拒绝接待党政机关会议的；（二）超过协议价格收取费用或采取减少服务项目等降低服务质量的；（三）提供虚假发票的；（四）未按规定提供发票、费用原始明细单据、电子结算单等凭证的；（五）不配合、甚至干扰阻挠财政部门正常核查工作的；（六）违反协议规定的其他事项的。

（二）适用范围

适用于财政部门或财政部门委托的机构通过政府采购方式确定的作为党政机关举办会议场所的宾馆饭店或专业会议场所。

规矩 4—5 《中央和国家机关会议费管理办法》

（一）财务管理应关注的"不得""禁止"等红线及"罚则"

第五条　……会议费预算应当细化到具体会议项目，执行中不得突破。

第七条　……年度会议计划一经批准，原则上不得调整。

第八条　……二、三、四类会议会期均不得超过 2 天；传达、布置类会议会期不得超过 1 天；在会议报到和离开时间，一、二、三类会议合计不得超过 2 天，四类会议合计不得超过 1 天。

第九条　……二类会议参会人员不得超过 300 人，其中，工作人员控制在会议代表人数的 15% 以内，不请省、自治区、直辖市和中央部门主要负责同志、分管负责同志出席；三类会议参会人员不得超过 150 人，其中，工作人员控制在会议代表人数的 10% 以内；四类会议参会人员视内容而定，一般不得超过 50 人。

第十二条　……无外地代表且会议规模能够在单位内部会议室安排的会议，原则上在单位内部会议室召开，不安排住宿。

第十三条　参会人员以在京单位为主的会议不得到京外召开；不得到党中央、国务院明令禁止的风景名胜区召开会议。

第十六条　会议费由会议召开单位承担，不得向参会人员收取，不得以任何方式向下属机构、企事业单位、地方转嫁或摊派。

第十七条 ……对未列入年度会议计划，以及超范围、超标准开支的经费不予报销。

第十八条 ……各单位会议费支付，禁止以现金方式结算。

第二十七条 严禁各单位借会议名义组织会餐或安排宴请；严禁套取会议费设立"小金库"，严禁在会议费中列支公务接待费。各单位应严格执行会议用房标准，不得安排高档套房；会议用餐严格控制菜品种类、数量和份量，安排自助餐，严禁提供高档菜肴，不安排宴请，不上烟酒；会议会场一律不摆花草，不制作背景板，不提供水果。不得使用会议费购置电脑、复印机、打印机、传真机等固定资产以及开支与本次会议无关的其他费用；不得组织会议代表旅游和与会议无关的参观；严禁组织高消费娱乐、健身活动；严禁以任何名义发放纪念品；不得额外配发洗漱用品。

第二十八条 违反本办法规定，有下列行为之一的，依法依规追究会议举办单位和相关人员的责任：（一）计划外召开会议的；（二）以虚报、冒领手段骗取会议费的；（三）虚报会议人数、天数等进行报销的；（四）违规扩大会议费开支范围，擅自提高会议费开支标准的；（五）违规报销与会议无关费用的；（六）其他违反本办法行为的。有前款所列行为之一的，由财政部会同有关部门责令改正，追回资金，并经报批后予以通报。对直接负责的主管人员和相关负责人，报请其所在单位按规定给予行政处分。如行为涉嫌违法的，移交司法机关处理。定点会议场所或单位内部宾馆、招待所、培训中心有关工作人员违反规定的，按照财政部定点会议场所管理的有关规定处理。

（二）定额标准

表4—1　中央和国家机关会议费综合定额标准及参会人数规模标准

会议类型	会议综合定额标准（元）				参会人数规模（人）		备注
	住宿费	伙食费	其他费用	综合定额	参会人员	工作人员	
一类会议	500	150	110	760	批准文件确定	批准文件确定	会议综合定额标准内，各项费用之间可以调剂使用
二类会议	400	150	100	650	≤ 300	控制在参会人员15%内	
三类会议	340	130	80	550	≤ 150	控制在参会人员10%内	
四类会议	340	130	80	550	≤ 50		

（三）适用范围

1.适用于党中央各部门，国务院各部门、各直属机构，全国人大常委会办公厅，全国政协办公厅，最高人民法院，最高人民检察院；

2.适用于各人民团体、各民主党派中央和全国工商联；

3.党中央、国务院直属事业单位参照执行；

4.中央和国家机关各部门所属事业单位依据从严从紧原则参照本办法做出具体规定。

规矩 4—6 有关在华举办国际会议经费管理的规定

（一）财务管理应关注的"不得""禁止"等红线及"罚则"

1.各单位原则上不得实行固定年会或与外方轮流开会机制，不得在同一时间或短时间内举办主题相同或类似的国际会议，无实质内容的国际会议一律不得举办。各单位应当严格控制邀请外宾的规模和规格，未经批准，不得擅自邀请或对外协商邀请重要外宾来访。

2.除特殊情况报经批准外，二、三类国际会议会期原则上不得超过 3 天，会议报到和离开时间，合计不得超过 2 天。

3.除特殊情况报经批准外，国际会议工作人员人数控制在会议正式代表人数的 10% 以内，驻会工作人员不得超过会议工作人员的 50%。

4.会议期间，志愿人员原则上不安排住宿。

5.各单位应当遵循国际惯例，从严从紧控制经费支出：（一）除外方特邀代表或存在外交对等接待的情况外，不得承担会议代表往返国际国内旅费（包括往返机场的交通费）及食宿费用。（二）除劳务费及境外国际旅费外，不得承担同声传译人员的食宿、交通等费用。（三）不得借举办国际会议的名义向地方政府或企业强行摊派或变相摊派会议费用。（四）不得承担额外的义务，要厉行节约、讲求实效。（五）申请中央财政拨款的国际会议，未经财政部同意，一律不准购买设备，且除会议场地、会议必要设备（不含消耗材料支出）外，各单位不得擅自对外提供任何免费服务。

6.违反本办法规定，有下列行为之一的，按《党政机关厉行节约反对浪费条例》《财政违法行为处罚处分条例》等有关规定，由财政部会同有关部门责令改正，追回资金；对直接负责的主管人员和相关责任人，报请其所在单位按规定给予行政处分；涉嫌违法的，移交司法机关依法处理：（一）擅自改变国际会议资金用途的；（二）以虚报、冒领等手段骗取国际会议经费的；（三）违规扩大支出范围，或超过支出标准的；（四）违规报销与国际会议无关费用的；（五）挪用、截留、侵占国际会议经费的；（六）其他违反本办法行为的。

（二）定额标准

见表4—2。

（三）适用范围

1.在华举办国际会议的会议范围。中央和国家机关在我国境内举办的、与会者来自3个或3个以上国家和地区(不含港、澳、台地区）的年会、例会、研讨会、论坛等会议，包括：中央和国家机关举办的国际会议，中央和国家机关与国际组织及外国有关团体、机构共同举办或受其委托承办的国际会议。经

表4—2 在华举办国际会议有关标准

在华国际会议类别	会期（天）	会议工作人员		国际会议支出范围（元/人天，"场地、设备、宴请、其他"按正式代表计算）												
		工作人员总数	驻会工作人员	场地租金	同声传译设备和办公设备租金	宴请费用	交通费用（元/辆天）			工作人员食宿费用	志愿人员用餐或餐补贴	翻译费用			其他公务费
							＞25座（大巴）	≤25座（中巴）	≤5座（轿车）			联合国官方语言	非联合国官方语言	笔译（元/千字）	
一类	审批文件	≤代表的10%	≤工作人员的50%	300	100	220	1500	1000	800	450	100	5000	6000	200	100
二类	会期≤3，报到和离开合计≤2			200		180									
三类				150											

国务院批准的重大双边国际会议参照本办法执行。国际比赛、国际博（展）览会、涉外文艺演出、涉外培训、日常外事工作会谈等不适用本办法。国家元首、政府首脑、国家副元首、政府副首脑、王储等作为会议正式代表出席的国际会议，相关管理办法另行制定。

2.适用的单位。党中央各部门，国务院各部委、各直属机构，全国人大常委会办公厅，全国政协办公厅，最高人民法院，最高人民检察院，各人民团体、各民主党派中央和全国工商联。中央级事业单位和地方政府举办的国际会议参照本办法执行。

第二节　案例分析

案例 4—1　会议预算不规范

（一）**基本事实**

1.2017年，××部门编报的本级会议费预算中，有3个会议项目未详细列明预算测算过程，涉及金额47万元；

2.2017年，××部门本级未将年度会议费预算细化到具体会议项目，涉及金额1633.92万元。

（二）定性适用政策

1.《中央和国家机关会议费管理办法》①（财行〔2016〕214号）第五条，"……会议费预算应当细化到具体会议项目，执行中不得突破"。

2.《关于加快推进中央本级项目支出定额标准体系建设的通知》（财预〔2015〕132号）第二条，"自编制2016年部门预算起，各部门所填报的项目文本要详细列明预算测算过程，注明测算中所采用的具体标准"。

（三）处理处罚和处分适用政策

《中央和国家机关会议费管理办法》（财行〔2016〕214号）第二十八条，"违反本办法规定，有下列行为之一的，依法依规追究会议举办单位和相关人员的责任：……（六）其他违反本办法行为的。有前款所列行为之一的，由财政部会同有关部门责令改正，追回资金，并经报批后予以通报。对直接负责的主管人员和相关负责人，报请其所在单位按规定给予行政处分。如行为涉嫌违法的，移交司法机关处理"。

---

① 根据《中央和国家机关会议费管理办法》（财行〔2016〕214号）第十六条规定，"一类会议在部门预算专项经费中列支，二、三、四类会议原则上在部门预算公用经费中列支"，上述案例行为如果涉及一类会议且使用项目经费列支会议费用，适用《关于加快推进中央本级项目支出定额标准体系建设的通知》第二条规定，如果不是一类会议，会议费原则上在部门预算公用经费中列支，公用经费属于基本支出，原则上不需要编报项目文本，但适用《中央和国家机关会议费管理办法》（财行〔2016〕214号）第五条的规定。

案例 4—2 会议费超预算

（一）基本事实

1. 2018 年，××部门本级全年会议费预算 340 万元，但决算反映的会议费支出 734.54 万元，超出预算 394.54 万元；

2. 2017 年，××部门本级召开会议，会议期间发生会议笔译费、同声传译费、会议资料费以及会议期间的租车费用等在正常会议费外其他科目列支，涉及资金 15.51 万元。

（二）定性适用政策

1.《党政机关厉行节约反对浪费条例》（2013 年 11 月）第八条，"党政机关应当遵循先有预算、后有支出的原则，严格执行预算，严禁超预算或者无预算安排支出……"。

2.《中央和国家机关会议费管理办法》（财行〔2016〕214 号）第五条，"各单位应严格会议费预算管理，控制会议费预算规模……执行中不得突破"；第七条，"年度会议计划一经批准，原则上不得调整"；第十五条，"一类会会议费标准上限 760 元/人天，二类会会议费标准上限 650 元/人天，三、四类会会议费标准上限 550 元/人天。会议费综合定额标准是会议费开支的上限。各单位应在综合定额标准以内结算报销"；第十七条，"……对未列入年度会议计划，以及超范围、超标准开支的经费不予报销"。

3. 2018 年 1 月国家有关部门印发深入贯彻落实中央八项

规定及实施细则精神规范和加强中央部门预算管理的有关规定，要求要严格支出报销审核，不得报销任何超范围、超标准以及与相关公务活动无关的费用。

4.《预算法实施条例》（国务院令第 186 号）第六十二条，"……预算支出，必须按照本级政府财政部门批复的预算科目和数额执行……"。

（三）处理处罚和处分适用政策

1.《党政机关厉行节约反对浪费条例》（2013 年 11 月）第五十八条，"有下列情形之一的，追究相关人员的责任：（一）未经审批列支财政性资金的；……"。

2.《中央和国家机关会议费管理办法》（财行〔2016〕214号）第二十八条，"违反本办法规定，有下列行为之一的，依法依规追究会议举办单位和相关人员的责任：……（六）其他违反本办法行为的。有前款所列行为之一的，由财政部会同有关部门责令改正，追回资金，并经报批后予以通报。对直接负责的主管人员和相关负责人，报请其所在单位按规定给予行政处分。如行为涉嫌违法的，移交司法机关处理"。

案例 4—3 会议费支出超范围

（一）基本事实

1. 2019 年，×× 部门本级召开的 2 个会议，在会议费中超范围列支会上聘请专家讲课的费用，涉及资金 0.9 万元；

2. 2018 年，×× 部门本级在 2 个会议的会议费中列支宴请参会人员的费用，涉及资金 1.09 万元；

3. 2015 年，×× 部门所属 ×× 单位在召开会议期间为参会人员额外配备洗漱用品等，涉及 0.16 万元费用在会议费中列支；

4. 2014 年，×× 部门所属 ×× 单位在会议费中列支拉杆箱等礼品费用，涉及资金 40.88 万元；

5. 2014 年，×× 部门所属 ×× 单位 12 个会议超范围支出 108.94 万元，部门本级在 11 次会议中有宴请行为且消费高档烟酒，涉及资金 10.25 万元。

（二）定性适用政策

1.《党政机关厉行节约反对浪费条例》（2013 年 11 月）第三十条，"党政机关应当……严格执行会议费开支范围和标准"；第三十一条规定，"……会议期间，不得安排宴请……不得以任何名义发放纪念品。未经批准以及超范围、超标准开支的会议费用，一律不予报销……"。

2.《中央和国家机关会议费管理办法》（财行〔2016〕214 号）第十四条，"会议费开支范围包括会议住宿费、伙食费、会议场地租金、交通费、文件印刷费、医药费等……"；第十七条，"……对未列入年度会议计划，以及超范围、超标准开支的经费不予报销"；第二十七条，"严禁各单位借会议名义组织会餐或安排宴请……；会议用餐……不安排宴请，不上烟酒；……严禁以任何名义发放纪念品；不得额外配发洗漱用品"。

3. 2018 年 1 月国家有关部门印发深入贯彻落实中央八项规定及实施细则精神规范和加强中央部门预算管理的规定，要求严格支出报销审核，不得报销任何超范围、超标准以及与相关公务活动无关的费用，不得以举办会议、培训等名义列支、转移、隐匿接待费开支。

4.《国家行政机关及其工作人员在国内公务活动中不得赠送和接受礼品的规定》（国务院令第 20 号）第二条，"国家行政机关及其工作人员在国内公务活动中，不得赠送和接受礼品"；第三条，"国家行政机关及其工作人员不得假借名义或者以变相形式赠送和接受礼品：（一）以鉴定会、评比会、业务会、订货会、展销会、招待会、茶话会、新闻发布会、座谈会、研讨会以及其他会议的形式；……（五）以其他形式和名义"；第四条，"本规定所称的礼品，是指礼物、礼金、礼券以及以象征性低价收款的物品"。

（三）处理处罚和处分适用政策

1.《中央和国家机关会议费管理办法》（财行〔2016〕214号）第二十八条，"……有下列行为之一的，依法依规追究会议举办单位和相关人员的责任：……（四）违规扩大会议费开支范围，擅自提高会议费开支标准的；（五）违规报销与会议无关费用的……责令整改，追回资金……予以通报。对直接负责的主管人员和相关负责人……给予行政处分。如行为涉嫌违法的，移送司法机关处理"。

2.《国家行政机关及其工作人员在国内公务活动中不得赠送和接受礼品的规定》（国务院令第 20 号）第五条，"国家行政机关违反本规定第二、三条的规定，对负直接责任的机关有关领导人和直接责任者，根据数额多少，情节轻重，分别给予警告、记过、记大过、降级直至撤职处分"；第六条，"国家行政机关工作人员，违反本规定第二、三条的规定，接受礼品的，根据数额多少，情节轻重，分别给予警告、记过、记大过、降级直至撤职处分。国家行政机关工作人员，违反本规定第二、三条的规定，赠送礼品的，应当给予批评教育；影响很坏的，给予警告或者记过处分。各级国家行政机关的领导人违反前两款规定的，从重处分"；第七条，"国家行政机关及其工作人员违反本规定第二、三条的规定，数额较少、情节轻微，经批评教育表示悔改的，可以免予行政处分"；第八条，"国家行政机关及其工作人员为谋取不正当利益而赠送、接受或者索取礼品的，按照国家有关惩治行贿、受贿的法律、法规处理"；第九条，"对接收的礼品必须在一个月内交出并上交国库。所收礼品不按期交出的，按贪污论处"；第十条，"对国家行政机关工作人员赠送和接受礼品的行政处分，依照国家行政机关工作人员的管理权限和行政处分程序的规定办理"。

案例 4—4 会议费报销不规范

（一）基本事实

近几年，××部门所属××单位在先后组织召开的 98 个会议中，会议费用报销时未按规定附原始明细单据，涉及资金 352.33 万元。

（二）定性适用政策

1.《中央和国家机关会议费管理办法》（财行〔2016〕214 号）第十七条，"……会议报销时应当提供会议审批文件、会议通知及实际参会人员签到表、定点会议场所等会议服务单位提供的原始明细单据、电子结算单等凭证。财务部门要严格按规定审核会议费支出，对未列入年度会议计划，以及超范围、超标准开支的经费不予报销"。

2. 2018 年 1 月国家有关部门印发深入贯彻落实中央八项规定及实施细则精神规范和加强中央部门预算管理的规定，要求严禁违规设置会计账簿和使用不合格的原始凭证进行列支。

（三）处理处罚和处分适用政策

《中央和国家机关会议费管理办法》（财行〔2016〕214 号）第二十八条，"违反本办法规定，有下列行为之一的，依法依规追究会议举办单位和相关人员的责任：……（六）其他违反本办法行为的。有前款所列行为之一的，由财政部会同有关部门责令改正，追回资金，并经报批后予以通报。对直接负责的主管人员和相关负责人，报请其所在单位按规定给予行政处分。如行为涉嫌违法的，移交司法机关处理"。

案例 4—5 虚列会议支出

（一）基本事实

1.2016—2017 年，×× 部门所属 ×× 单位虚列会议费支出，会议未实际召开但在酒店列支会议费，涉及资金 10 万元；

2.2016 年，×× 部门所属 ×× 单位以会议费等名义列支课题经费 15.70 万元，实际用于以个人名义办理的宾馆消费卡；

3.2016 年，×× 部门所属 ×× 单位从 20 个会议经费支出中套取现金用于发放劳务费，涉及资金 100.88 万元。

（二）定性适用政策

1.《党政机关厉行节约反对浪费条例》（2013 年 11 月）第八条，"党政机关……严禁虚列支出、转移或者套取预算资金"。

2.《中华人民共和国预算法》（2015 年 1 月）第五十七条，"……支出必须按照预算执行，不得虚假列支"。

（三）处理处罚和处分适用政策

1.《中央和国家机关会议费管理办法》（财行〔2016〕214号）第二十八条，"……有下列行为之一的，依法依规追究会议举办单位和相关人员的责任：……（二）以虚报、冒领手段骗取会议费的；（三）虚报会议人数、天数进行报销的……责令整改，追回资金……予以通报。对直接负责的主管人员和相关负责人……给予行政处分。如行为涉嫌违法的，移送司法机关处理"。

2.《财政违法行为处罚处分条例》（国务院令第427号）第六条，"国家机关及其工作人员有下列违反规定使用、骗取财政资金的行为之一的，责令整改，调整有关会计账目，追回有关财政资金，限期退还违法所得。对单位给予警告或者通报批评。对直接负责的主管人员和其他直接责任人员给予记大过处分；情节较重的，给予降级或者撤职处分；情节严重的，给予开除处分：（一）以虚报、冒领等手段骗取财政资金……"。

案例 4—6 转嫁摊派会议费

（一）基本事实

1. 2018年，××部门本级在京召开计划外会议，文件通知中还明确要求"参会人员食宿费自理"；

2. 2018年，××部门所属××单位将其举办的研讨会费用转由其持股公司承担，涉及资金20.83万元；

3. 2018年，××部门本级在京外××市召开会议，会议期间发生的租车费用转由该市与该部门对口的单位承担，涉及资金6.37万元；

4.2018 年，×× 部门所属 ×× 单位召开的 7 次会议均要求参会人员"食宿费用自理"；

5.2017 年，×× 部门本级召开的 1 次会议中，实际参会人员达到 139 人，其中 100 人费用由正常会议费支付，其余 39 人费用由参会人员所在单位承担，涉及资金 5.44 万元；

6.2017 年，×× 部门所属 ×× 单位违规向 270 家参会单位收取会议费，涉及资金 84.03 万元。

（二）定性适用政策

《中央和国家机关会议费管理办法》（财行〔2016〕214 号）第十四条，"会议费开支范围包括会议住宿费、伙食费、会议场地租金、交通费、文件印刷费、医药费等。前款所称交通费是指用于会议代表接送站，以及会议统一组织的代表考察、调研等发生的交通支出……"；第十六条，"会议费由会议召开单位承担，不得向参会人员收取，不得以任何方式向下属机构、企事业单位、地方转嫁或摊派"。

（三）处理处罚和处分适用政策

《中央和国家机关会议费管理办法》（财行〔2016〕214 号）第二十八条，"违反本办法规定，有下列行为之一的，依法依规追究会议举办单位和相关人员的责任：……（六）其他违反本办法行为的。有前款所列行为之一的，由财政部会同有关部门责令改正，追回资金，并经报批后予以通报。对直接负责的主管人员和相关负责人，报请其所在单位按规定给予行政处分。如行为涉嫌违法的，移交司法机关处理"。

案例 4—7　其他费用列支会议费

（一）基本事实

1. 近几年，××部门所属××单位在"差旅费""培训费"或项目支出中列支本应在"会议费"中支出的费用，涉及资金1326.77万元；

2. 2018年，××部门所属××单位在"办公费"中列支会议资料印刷费、会议中的交通费等支出，涉及资金63.93万元。

（二）定性适用政策

1.《中央和国家机关会议费管理办法》（财行〔2016〕214号）第十四条，"会议费开支范围包括会议住宿费、伙食费、会议场地租金、交通费、文件印刷费、医药费等……"。

2.《预算法实施条例》（国务院令第186号）第六十二条，"……预算支出，必须按照本级政府财政部门批复的预算科目和数额执行……"。

3.《中华人民共和国会计法》（2017年11月）第九条，"各单位根据实际发生的经济业务事项进行会计核算……。任何单位不得以虚假的经济业务事项或者资料进行会计核算"。

（三）处理处罚和处分适用政策

《中央和国家机关会议费管理办法》（财行〔2016〕214号）

第二十八条，"违反本办法规定，有下列行为之一的，依法依规追究会议举办单位和相关人员的责任：……（六）其他违反本办法行为的。有前款所列行为之一的，由财政部会同有关部门责令改正，追回资金，并经报批后予以通报。对直接负责的主管人员和相关负责人，报请其所在单位按规定给予行政处分。如行为涉嫌违法的，移交司法机关处理"。

案例 4—8　召开计划外会议

（一）基本事实

1. 2017 年，×× 部门本级在会议计划外召开四类会议 20 次；

2. 2017 年，×× 部门所属 ×× 单位未按规定编制会议计划，实际召开四类会议 70 个，涉及资金 70.75 万元；

3. 2016 年，×× 部门所属 11 家单位未编制年度会议计划，实际召开会议 30 个，涉及资金 62.57 万元。

（二）定性适用政策

1.《党政机关厉行节约反对浪费》（2013 年 11 月）第七条，"……严格控制……会议费……等支出。年度预算执行中不予追加，因特殊需要确需追加的，由财政部门审核后按程序报批……"；第八条，"党政机关应当遵循先有预算、后有支出的原则，严格执行预算，严禁超预算或者无预算安排支出……"；第三十条，"党政机关会议实行分类管理，分级审批"。

2.《中央和国家机关会议费管理办法》(财行〔2016〕214 号)第四条,"各单位召开的会议实行分类管理、分级审批";第七条,"……四类会议,由单位分管领导审核后列入单位年度会议计划";第十七条,"……对未列入年度会议计划,以及超范围、超标准开支的经费不予报销"。

(三)处理处罚和处分适用政策

《中央和国家机关会议费管理办法》(财行〔2016〕214 号)第二十八条,"有下列行为之一的,依法依规追究会议举办单位和相关人员的责任。(一)计划外召开会议的……。有前款所列行为之一的,由财政部会同有关部门责令改正,追回资金,并经报批后予以通报。对直接负责的主管人员和相关负责人,报请其所在单位按规定给予行政处分。如行为涉嫌违法的,移交司法机关处理"。

案例 4—9 会议未开造成浪费

(一)基本事实

2018 年,×× 部门本级 1 个会议在召开前一天取消(非不可抗力原因取消会议),前期已经围绕会议支出费用 22.60 万元,形成损失。

(二)定性适用政策

1.《党政机关厉行节约反对浪费》(2013 年 11 月)第八条,"……建立预算执行全过程动态监控机制,完善预算执行管理办法，建立健全预算绩效管理体系，增强预算执行的严肃性，提高预算执行的准确率……"。

2.《关于贯彻落实中共中央国务院关于全面实施预算绩效管理的意见的通知》（财预〔2018〕167 号），"各部门……确保每一笔资金花的安全、用的高效"。

（三）处理处罚和处分适用政策

《党政机关厉行节约反对浪费条例》（2013 年 11 月）第五十九条，"有下列情形之一的，追究主要负责人或者有关领导干部的责任：……（二）指使、纵容下属单位或者人员违反本条例规定造成浪费的；……"；第六十条，"违反本条例规定造成浪费的，根据情节轻重，由有关部门依照职责权限给予批评教育、责令作出检查、诫勉谈话、通报批评或者调离岗位、责令辞职、免职、降职等处理。应当追究党纪政纪责任的，依照《中国共产党纪律处分条例》《行政机关公务员处分条例》等有关规定给予相应的党纪政纪处分。涉嫌违法犯罪的，依法追究法律责任"。

案例 4—10　会议时间超标准

（一）基本事实

2018 年，×× 部门所属 ×× 单位召开的 16 次会议，会议天数超期，其中 2 个会议的报到和撤离时间也超过规定天数。

（二）定性适用政策

《中央和国家机关会议费管理办法》（财行〔2016〕214号）第八条，"二、三、四类会议会期均不得超过2天；传达、布置类会议会期不得超过1天；在会议报到和离开时间，一、二、三类会议合计不得超过2天，四类会议合计不得超过1天"；第十七条，"……对未列入年度会议计划，以及超范围、超标准开支的经费不予报销"。

（三）处理处罚和处分适用政策

《中央和国家机关会议费管理办法》（财行〔2016〕214号）第二十八条，"违反本办法规定，有下列行为之一的，依法依规追究会议举办单位和相关人员的责任：……（六）其他违反本办法行为的。有前款所列行为之一的，由财政部会同有关部门责令改正，追回资金，并经报批后予以通报。对直接负责的主管人员和相关负责人，报请其所在单位按规定给予行政处分。如行为涉嫌违法的，移交司法机关处理"。

案例 4—11 会议人数超标准

（一）基本事实

1. 2018年，××部门本级和所属××单位召开4个四类会议，会议的参会人员规模均超出四类会议规定的人员数量标准，超规模人数共计190人，涉及资金36.48万元；

2. 2018年，××部门本级召开1个三类会议，会议的参会人员规模超出三类会议规定的人员数量标准，超规模人数共计 120 人；

3. 2017 年，×× 部门召开 1 个二类会议，会议的参会人员规模超出二类会议规定的人员数量标准，超规模人数 25 人，同时会议工作人员数超出会议参会代表人数的 15%。

（二）定性适用政策

1.《中央和国家机关会议费管理办法》（财行〔2016〕214 号）第九条，"二类会议参会人员不得超过 300 人，其中，工作人员控制在会议代表人数的 15% 以内，不请省、自治区、直辖市和中央部门主要负责同志、分管负责同志出席；三类会议参会人员不得超过 150 人，其中，工作人员控制在会议代表人数的 10% 以内；四类会议参会人员视内容而定，一般不得超过 50 人"；第十七条，"……对未列入年度会议计划，以及超范围、超标准开支的经费不予报销"。

2. 2018 年 1 月国家有关部门印发深入贯彻落实中央八项规定及实施细则精神规范和加强中央部门预算管理的规定，要求严格支出报销审核，不得报销任何超范围、超标准以及与相关公务活动无关的费用。

（三）处理处罚和处分适用政策

《中央和国家机关会议费管理办法》（财行〔2016〕214 号）第二十八条，"违反本办法规定，有下列行为之一的，依法依规追究会议举办单位和相关人员的责任：……（六）其他违反本办法行为的。有前款所列行为之一的，由财政部会同有关部门责令改正，追回资金，并经报批后予以通报。对直接负责的主管人员和相关负责人，报请其所在单位按规定给予行政处分。如行为涉嫌违法的，移交司法机关处理"。

案例 4—12 会议场所非定点

（一）基本事实

1.2017 年，×× 部门本级及所属 10 个单位在非定点饭店召开会议 75 次；

2.2017 年，×× 部门所属 ×× 单位有 2 个会议未在定点饭店召开，涉及资金 11.71 万元；

3.2017 年，×× 部门所属 ×× 单位有 15 个会议未在定点饭店召开，涉及资金 14.88 万元。

（二）定性适用政策

1.《党政机关厉行节约反对浪费条例》（2013 年 11 月）第三十一条，"会议召开场所实行政府采购定点管理……"。

2.《党政机关会议定点管理办法》（财行〔2015〕1 号）第三条，"各级党政机关举办的会议，除采用电视电话、网络视频方式以及在本单位或本系统内部会议室、礼堂、宾馆、招待所、培训（会议）中心等举办的外，应当在会议定点场所召开"。

3.《中央和国家机关会议费管理办法》（财行〔2016〕214 号）第十二条，"各单位会议应当到定点会议场所召开，按照协议价格结算费用……"；第十七条，"……会议报销时应当提供……定点会议场所等会议服务单位提供的原始明细单据、电子结算单等凭证"。

（三）处理处罚和处分适用政策

《中央和国家机关会议费管理办法》（财行〔2016〕214 号）第二十八条，"违反本办法规定，有下列行为之一的，依法依规追究会议举办单位和相关人员的责任：……（六）其他违反本办法行为的。有前款所列行为之一的，由财政部会同有关部门责令改正，追回资金，并经报批后予以通报。对直接负责的主管人员和相关负责人，报请其所在单位按规定给予行政处分。如行为涉嫌违法的，移交司法机关处理"。

案例 4—13　内部会议室未优先选择

（一）基本事实

1. 2017 年，×× 部门所属 ×× 单位召开的 9 个能在单位内部会议室召开的小型会议，却未按规定在单位内部会议室召开，涉及资金 10.91 万元；

2. 2017 年，×× 部门本级在参会人员均为在京人员的情况下未优先选择在单位内部会议室召开会议，而是在外部酒店召开 2 个会议，涉及资金 7.92 万元。

（二）定性适用政策

《中央和国家机关会议费管理办法》（财行〔2016〕214 号）

第十二条，"……未纳入定点范围，价格低于会议综合定额标准的单位内部会议室、礼堂、宾馆、招待所、培训中心，可优先作为本单位或本系统会议场所。无外地代表且会议规模能够在单位内部会议室安排的会议，原则上在单位内部会议室召开，不安排住宿"。

（三）处理处罚和处分适用政策

《中央和国家机关会议费管理办法》（财行〔2016〕214 号）第二十八条，"违反本办法规定，有下列行为之一的，依法依规追究会议举办单位和相关人员的责任：……（六）其他违反本办法行为的。有前款所列行为之一的，由财政部会同有关部门责令改正，追回资金，并经报批后予以通报。对直接负责的主管人员和相关负责人，报请其所在单位按规定给予行政处分。如行为涉嫌违法的，移交司法机关处理"。

案例 4—14 违规京外开会

（一）基本事实

2017 年，××部门所属××单位有 9 个在京外召开的四类会议，参会人员均以在京单位人员为主，涉及资金 15.62 万元。

（二）定性适用政策

《中央和国家机关会议费管理办法》（财行〔2016〕214 号）第十三条，"参会人员以在京单位为主的会议不得到京外召开……"。

（三）处理处罚和处分适用政策

《中央和国家机关会议费管理办法》（财行〔2016〕214号）第二十八条，"违反本办法规定，有下列行为之一的，依法依规追究会议举办单位和相关人员的责任：……（六）其他违反本办法行为的。有前款所列行为之一的，由财政部会同有关部门责令改正，追回资金，并经报批后予以通报。对直接负责的主管人员和相关负责人，报请其所在单位按规定给予行政处分。如行为涉嫌违法的，移交司法机关处理"。

案例 4—15　风景名胜区违规开会

（一）基本事实

2013年，××部门所属××单位在风景名胜区召开会议，涉及资金6.19万元。

（二）定性适用政策

1.《关于严禁党政机关到风景名胜区开会的通知》[①]（2014年9月）第一条，"各级党政机关一律不得到八达岭—十三陵、承德避暑山庄外八庙、五台山、太湖、普陀山、黄山、九华山、武夷山、庐山、泰山、嵩山、武当山、武陵源（张家界）、

---

① 上述案例的违规情况出现在2013年，主要适用1998年10月发布的《关于严禁党政机关到风景名胜区开会的通知》要求，该通知规定"各级党政机关一律不准到庐山、黄山、峨眉山、普陀山、九华山、五台山、武夷山、九寨沟、张家界、黄果树瀑布、西双版纳和三亚热带海滨12个风景名胜区召开会议"。

白云山、桂林漓江、三亚热带海滨、峨眉山—乐山大佛、九寨沟—黄龙、黄果树、西双版纳、华山 21 个风景名胜区召开会议，禁止召开会议的区域范围以风景名胜区总体规划确定的核心景区地域范围为准"。

2.《中央和国家机关会议费管理办法》(财行〔2016〕214 号) 第十三条，"……各单位不得到党中央、国务院明令禁止的风景名胜区召开会议"。

(三) 处理处罚和处分适用政策

《中央和国家机关会议费管理办法》(财行〔2016〕214 号) 第二十八条，"违反本办法规定，有下列行为之一的，依法依规追究会议举办单位和相关人员的责任：……(六) 其他违反本办法行为的。有前款所列行为之一的，由财政部会同有关部门责令改正，追回资金，并经报批后予以通报。对直接负责的主管人员和相关负责人，报请其所在单位按规定给予行政处分。如行为涉嫌违法的，移交司法机关处理"。

案例 4—16 在华举办国际会议未纳入预算

(一) 基本事实

2017 年，×× 部门本级召开的 2 次在华国际会议未纳入预算，涉及资金 43.25 万元。

(二) 定性适用政策

根据 2015 年 7 月国家有关部门印发的在华举办国际会议

经费管理的规定，在华举办国际会议应当遵循强化预算，厉行节约的原则；各单位应当科学、规范、合理地编制和申报国际会议经费预算，并本着"勤俭办外事"的原则，严格控制会议数量、规格和规模。

（三）处理处罚和处分适用政策

根据 2015 年 7 月国家有关部门印发的在华举办国际会议经费管理的规定，上述案例违规行为，要按《党政机关厉行节约反对浪费条例》《财政违法行为处罚处分条例》等有关规定，由财政部会同有关部门责令改正，追回资金；对直接负责的主管人员和相关责任人，报请其所在单位按规定给予行政处分；涉嫌违法的，移交司法机关依法处理。

案例 4—17　在华举办国际会议支出不规范

（一）基本事实

1. 2018 年，×× 部门举办的在华国际会议中，超标准支出会议笔译费、同声传译费等，涉及资金 10.51 万元；

2. 2018 年，×× 部门所属 ×× 单位超范围、超标准列支国际会议费，涉及资金 5.02 万元；

3. 2017 年，×× 部门本级超标准支出国际会议费，涉及资金 2.98 万元。

（二）定性适用政策

根据 2015 年 7 月国家有关部门印发的在华举办国际会议

经费管理的规定，国际会议的支出范围包括：场地租金、同声传译设备和办公设备租金、宴请费用、交通费用、工作人员食宿费用、志愿人员费用、翻译费用、其他会务费用以及其他经财政部批准的支出。国际会议如有注册费收入，中方可承担国际组织官员及秘书处人员会议期间的食宿费用。会议正式代表场地租金的人均定额标准为：一类国际会议每天300元，二类国际会议每天200元，三类国际会议每天150元。会议正式代表同声传译设备和办公设备租金的人均定额标准为每天100元。会议期间可安排一次宴请，会议正式代表人均定额标准（含酒水及服务费用）为：一类国际会议220元，二、三类国际会议180元。会议期间租用车辆，租金定额标准为：大巴士（25座以上）每辆每天1500元，中巴士（25座及以下）每辆每天1000元，小轿车（5座及以下）每辆每天800元。会议期间工作人员食宿费用定额标准为每人每天450元。会议期间志愿人员，用餐或发放用餐补贴的定额标准为每人每天100元。志愿人员原则上不安排住宿。同声传译人员口译定额标准为：使用联合国官方语言的同声传译人员，每人每天5000元；使用联合国官方语言以外的其他语种同声传译人员，每人每天6000元。笔译费用定额标准为每千字200元。对于境外同声传译人员，我方只承担同声传译人员乘坐经济舱的国际旅费，据实结算。其他会务费用实行综合定额控制，会议正式代表人均支出标准为每天100元。支出范围包括：办公用品、消耗材料购置费用，会议文件印刷、会议代表及工作人员的制证费用等。其他会务费用各项目之间可以调剂使用，在综合定额控制内据实报销。

（三）处理处罚和处分适用政策

根据 2015 年 7 月国家有关部门印发的在华举办国际会议经费管理的规定，上述案例涉及违规扩大支出范围或超过支出标准的行为，要按《党政机关厉行节约反对浪费条例》《财政违法行为处罚处分条例》等有关规定，由财政部会同有关部门责令改正，追回资金；对直接负责的主管人员和相关责任人，报请其所在单位按规定给予行政处分；涉嫌违法的，移交司法机关依法处理。

案例 4—18　在华举办国际会议人数超标

（一）基本事实

2017 年，×× 部门本级承办 1 个在华国际会议，会议工作人员超出规定标准 24 人。

（二）定性适用政策

根据 2015 年 7 月国家有关部门印发的在华举办国际会议经费管理的规定，各单位应当严格限定参会人员数量，控制会议规模，除特殊情况报经批准外，国际会议工作人员人数控制在会议正式代表人数的 10％以内，驻会工作人员不得超过会议工作人员的 50％。

（三）处理处罚和处分适用政策

根据 2015 年 7 月国家有关部门印发的有关在华举办国际会议经费管理的规定，上述案例涉及违规扩大支出范围或超过支出标准等行为，要按《党政机关厉行节约反对浪费条例》《财政违法行为处罚处分条例》等有关规定，由财政部会同有关部门责令改正，追回资金；对直接负责的主管人员和相关责任人，报请其所在单位按规定给予行政处分；涉嫌违法的，移交司法机关依法处理。

案例 4—19 展会庆典论坛等活动不规范

（一）基本事实

1. 2016 年，×× 部门所属 ×× 单位未经批准组织、举办有关论坛，向参加论坛的人员违规收取费用，涉及资金 104.44 万元。

2. 2015 年，×× 部门所属 ×× 大学未经批准举办校庆活动，共支出 125.30 万元，其中转由学校下属企业承担的费用 18.85 万元。

（二）定性适用政策

1.《节庆活动管理办法(试行)》(2012 年 5 月) 第四条，"节庆活动实行中央和省（自治区、直辖市）分级审批制度……"；第十三条，"学校、医院、科研院所等事业单位一般不举办周年庆典活动，逢十逢百周年等确需举办的，应当按规定报批"；

第二十条，"举办节庆活动应当坚持厉行节约，严格控制活动规模和开支，所需经费实行谁举办谁负责，由举办单位承担，不得向下级单位、企业和个人转嫁费用"。

2.《党政机关厉行节约反对浪费条例》（2013 年 11 月）第三十三条，"未经批准，党政机关不得以公祭、历史文化、特色物产、单位成立、行政区划变更、工程奠基或者竣工等名义举办或者委托、指派其他单位举办各类节会、庆典活动，不得举办论坛、博览会、展会活动……经批准的节会、庆典、论坛、博览会、展会、运动会、赛会等活动……不得向下属单位摊派费用……"。

（三）处理处罚和处分适用政策

1.《节庆活动管理办法(试行)》（2012 年 5 月）第二十六条，"纪检监察、审计机关和财政等部门应当加强对举办节庆活动的监督检查。对擅自举办活动，违规邀请领导干部出席以及领导干部违规出席活动，以举办活动为由向基层、企业和群众收费、摊派、拉赞助，挥霍浪费、滥发钱物等违规违纪行为，依照有关规定严肃处理"。

2.《党政机关厉行节约反对浪费条例》（2013 年 11 月）第五十八条，"有下列情形之一的，追究相关人员的责任：……（六）有其他违反审批、管理、监督规定行为的"。

第三节　问题讨论

讨论 4—1　能否临时增加参会人数并调整会议预算？

在实际工作中，有时会遇到临时增加参会人数，调整会议预算的情况。

根据《中央和国家机关会议费管理办法》（财行〔2016〕214 号）第七条规定，"年度会议计划一经批准，原则上不得调整；年度会议计划的内容包括参会人数、经费及列支渠道等"。因此，如果未按程序经过审批后增加参会人数和调整会议预算，原则上都是不可以的。

讨论 4—2　四类会议人数必须 50 人以内吗？

根据《中央和国家机关会议费管理办法》（财行〔2016〕214 号）第九条，"……四类会议参会人员视内容而定，一般不得超过 50 人"的规定，四类会议人数一般不能超过 50 人。但有两种显见的情况，应予以关注。

（一）按"条线"（系统）召开的全国性会议

比如，某部门召开本部门系统"条线"上的全国会议，参会人员按省级机构每省 1 人参会来计算，也会有大约 47 人，即 31 个省、5 个计划单列市、10 个副省级城市以及新疆生产建设兵团等，再加上会议主办部门的有关人员和会议工作人员，难免不超过 50 人。

（二）中央垂直管理系统的有关会议

有些部门目前是中央垂直管理体制，中央部门驻地方的单位有的也不是按照行政区划设置的。这些部门召开系统的有关会议，参会人员有可能会超过 50 人。

《中央和国家机关会议费管理办法》（财行〔2016〕214 号）中强调的是"一般"不能超过 50 人，如果在特殊情况下超过 50 人的会议，应本着实事求是和厉行节约的原则，在会议计划申报、预算编报及审批环节中予以说明和注释。

讨论 4—3　能否在五星级酒店召开会议？

2013 年 9 月出台的《中央和国家机关会议费管理办法》（财行〔2013〕286 号）中曾规定，二、三、四类会议应当在四星级以下（含四星）定点饭店召开。

2016 年颁布的《中央和国家机关会议费管理办法》（财行〔2016〕214 号）中不再强调二、三、四类会议必须在四星级以下（含四星）定点饭店召开。

因此，本着《党政机关厉行节约反对浪费条例》（2013 年 11 月）第四条，"……坚持从严从简，勤俭办一切事业，降低公务活动成本……"的原则，在五星级酒店召开会议已不是限制条件，该酒店只要属于政府采购的定点会议场所即具可承接会议。

讨论 4—4　会议住宿是否可以安排套间？

讨论这个问题，可以从会议住宿和差旅住宿两个角度来分析。

（一）会议住宿

《党政机关厉行节约反对浪费条例》（2013 年 11 月）第三十一条规定，"会议住宿用房以标准间为主"。《中央和国家机关会议费管理办法》（财行〔2016〕214 号）第二十七条规定，"各单位应严格执行会议用房标准，不得安排高档套房"。从上述两个文件规定看，标准间之上，高档套房之下，还存在"普通套房"和"单间"。不过，按照《党政机关国内公务接待管理规定》（2013 年 12 月）第二条，"……本规定所称国内公务，是指出席会议……等公务活动"；第九条，"……住宿用房以标准间为主，接待省部级干部可以安排普通套间"的规定，同时参考《中央和国家机关差旅费管理办法》（财行〔2013〕531 号）第十三条，"部级及相当职务人员住普通套间，司局级及以下人员住单间或标准间"的规定，本着"厉行节约"的原则，部级及相当职务人员可住普通套间，司局级及以下级别人员的会议住宿应以标准间为主。

（二）差旅住宿

尽管《中央和国家机关差旅费管理办法》（财行〔2013〕531 号）第十三条，"部级及相当职务人员住普通套间，司局级及以下人员住单间或标准间"的规定，但是后续印发的《关于调整中央和国家机关差旅住宿费标准等有关问题的通知》（财行〔2015〕497号）中指出，"根据职级对应的住宿费标准自行选择宾馆住宿（不分房型），在限额内据实报销"。可见，在差旅住宿中，本着厉行节约的原则，已经不再限制房型，只做了金额标准限制。

讨论　4—5　会议费结算发票是否只能是一张？

《中央和国家机关会议费管理办法》（财行〔2016〕214号）第十七条规定，"各单位会议结束后应当及时办理报销手续。会议费报销时应当提供会议审批文件、会议通知及实际参加人员签到表、定点会议场所等会议服务单位提供的费用原始明细单据、电子结算单等凭证……"。上述规定并没有限定会议结算费用的发票只能是一张。

实践表明，在本着"节约会议经费开支"的原则下，在会议费综合定额标准之内且符合会议费开支范围和财务有关手续的情况下，如会议期间租车、文件材料印刷装订等，不一定完全由召开会议的定点场所承办，因此涉及会议费的结算发票也不一定只是一张。

讨论　4—6　中央高校、科研院所与普通事业单位会议管理上的异同？

根据《关于进一步完善中央财政科研项目资金管理等政策

的若干意见》（2016 年 7 月）规定，中央高校、科研院所与普通事业单位会议管理上的异同点主要是：

（一）不同点

1. 中央高校、科研院所因教学、科研需要举办的业务性会议（如学术会议、研讨会、评审会、座谈会、答辩会等），会议次数、天数、人数以及会议费开支范围、标准等，由中央高效、科研院所按照实事求是、精简高效、厉行节约的原则确定；因工作需要，邀请国内外专家、学者和有关人员参加会议，对确需负担的城市交通费、国际旅费，可由主办单位在会议费等费用中报销。

2. 简化中央高校、科研院所预算编制科目，合并会议费、差旅费、国际合作与交流科目，由科研人员结合科研活动实际需要编制预算并按规定统筹安排使用，其中不超过直接费用 10% 的，不需要提供预算测算依据。

3. 中央高校、科研院所自主制定会议费内部管理办法。《关于进一步做好中央财政科研项目资金管理等政策贯彻落实工作的通知》（财科教〔2017〕6 号）就此进一步作了明确，中央高校、科研院所以单位正式文件形式印发的有关会议管理办法，应作为预算编制、评估评审、经费管理、审计检查、财务验收等工作依据，打消项目承担单位对内部会议管理办法"权威性够不够"的顾虑。

（二）共同点

1. 中央高校、科研院所以及普通事业单位会议场所的选择均实行政府采购定点管理，未纳入定点范围，价格低于会议综合定额标准的单位内部会议室、礼堂、宾馆、招待所、培训中心，可优先作为本单位或本系统会议场所。

2. 中央高校、科研院所以及普通事业单位均应严格遵守《党政机关厉行节约反对浪费条例》（2013 年 11 月）第六章"会议活动"章节中涉及"禁止事项"的有关规定，如：不得安排宴请，不得组织旅游以及与会议无关的参观活动，严禁套取会议资金等。

第五章　公务差旅

◎ 《中国共产党纪律处分条例》（2018 年 8 月）

第一百零五条　有下列行为之一，对直接责任者和领导责任者，情节较轻的，给予警告或者严重警告处分；情节较重的，给予撤销党内职务或者留党察看处分；情节严重的，给予开除党籍处分：

（一）公款旅游或者以学习培训、考察调研、职工疗养等为名变相公款旅游的；

（二）改变公务行程，借机旅游的；

（三）参加所管理企业、下属单位组织的考察活动，借机旅游的；

以考察、学习、培训、研讨、招商、参展等名义变相用公款出国（境）旅游的，依照前款规定处理。

◎　2012 年以后涉及"公务差旅"的重要制度政策

1.《党政机关厉行节约反对浪费条例》（2013 年 11 月）

2.《中央和国家机关差旅费管理办法》（财行〔2013〕531 号）

3.《关于加强公务机票购买管理有关事项的通知》（财库〔2014〕33 号）

4.《关于规范差旅伙食费和市内交通费收交管理有关事项的通知》（财办行〔2019〕104 号）

第一节　管理红线和标准

规矩 5—1 《党政机关厉行节约反对浪费条例》

（一）财务管理应关注"不得""禁止"等红线及"罚则"

第十条　……严格开支范围和标准，严格支出报销审核，不得报销任何超范围、超标准以及与相关公务活动无关的费用。

第十三条　……严禁无明确公务目的的差旅活动，严禁以公务差旅为名变相旅游，严禁异地部门间无实质内容的学习交流和考察调研。

第十四条　……差旅人员不得向接待单位提出正常公务活动以外的要求，不得接受礼金、礼品和土特产品等。

第五十八条　有下列情形之一的，追究相关人员的责任：（一）未经审批列支财政性资金的；（二）采取弄虚作假等手段违规取得审批的；（三）违反审批要求擅自变通执行的；（四）违反管理规定超标准或者以虚假事项开支的；（五）利用职务便利假公济私的；（六）有其他违反审批、管理、监督规定行为的。

第五十九条　有下列情形之一的，追究主要负责人或者有关领导干部的责任：（一）本地区、本部门、本单位铺张浪费、奢侈奢华问题严重，对发现的问题查处不力，干部群众反映强烈的；（二）指使、纵容下属单位或者人员违反本条例规定造成浪费的；（三）不履行内部审批、管理、监督职责造成浪费的；（四）不按规定及时公开本地区、本部门、本单位有关厉行节约反对浪费工作信息的；（五）其他对铺张浪费问题负有领导责任的。

第六十条　违反本条例规定造成浪费的，根据情节轻重，由有关部门依照职责权限给予批评教育、责令作出检查、诫勉谈话、通报批评或者调离岗位、责令辞职、免职、降职等处理。应当追究党纪政纪责任的，依照《中国共产党纪律处分条例》《行政机关公务员处分条例》等有关规定给予相应的党纪政纪处分。涉嫌违法犯罪的，依法追究法律责任。

第六十一条　违反本条例规定获得的经济利益，应当予以收缴或者纠正。违反本条例规定，用公款支付、报销应由个人支付的费用，应当责令退赔。

（二）适用范围

1.适用于党的机关、人大机关、行政机关、政协机关、审判机关、检察机关；

2.适用于工会、共青团、妇联等人民团体；

3.适用于参照公务员法管理的事业单位；

4.国有企业、国有金融企业、不参照公务员法管理的事业单位参照执行。

规矩 5—2　《中央和国家机关差旅费管理办法》

（一）财务管理应关注"不得""禁止"等红线及"罚则"

第四条　……严禁无实质内容、无明确公务目的的差旅活动，严禁以任何名义和方式变相旅游，严禁异地部门间无实质内容的学习交流和考察调研。

第二十二条　出差人员应当严格按规定开支差旅费，费用由所在单位承担，不得向下级单位、企业或其他单位转嫁。

第二十五条　财务部门应当严格按规定审核差旅费开支，对未经批准出差以及超范围、超标准开支的费用不予报销。

第二十八条　出差人员不得向接待单位提出正常公务活动以外的要求，不得在出差期间接受违反规定用公款支付的宴请、游览和非工作需要的参观，不得接受礼品、礼金和土特产品等。

第二十九条　违反本办法规定，有下列行为之一的，依法依规追究相关单位和人员的责任：（一）单位无出差审批制度或出差审批控制不严的；（二）虚报冒领差旅费的；（三）擅自扩大差旅费开支范围和提高开支标准的；（四）不按规定报销差旅费的；（五）转嫁差旅费的；（六）其他违反本办法行为的。有前款所列行为之一的，由财政部会同有关部门责令改正，违规资金应予追回，并视情况予以通报。对直接责任人和相关负责人，报请其所在单位按规定给予行政处分。涉嫌违法的，移送司法机关处理。

（二）定额标准

1.交通工具等级、住宿、伙食及市内交通补助费等标准。见表5—1。

2.住宿标准。见表5—2。

（三）适用范围

1.适用于党中央各部门，国务院各部委、各直属机构，全国人大常委会办公厅，全国政协办公厅，最高人民法院，最高人民检察院；

2.适用于各人民团体、各民主党派中央和全国工商联；

3.适用于参照公务员法管理的事业单位；

4.不参照公务员法管理的事业单位参照本办法执行；

5.中国人民解放军和中国人民武装警察部队的差旅费管理办法参照本办法另行规定。

表5—1 中央和国家机关工作人员差旅活动交通工具等级、住宿、伙食及市内交通补助费标准

不同职级人员	城市间交通工具等级				住宿		伙食补助		市内交通	
	火车	轮船	飞机	其他	房型	住宿标准	包干标准	交纳标准	包干标准	交纳标准
部级及相当人员	火车软席(软座、软卧),高铁/动车商务座、全列软席动车列车一等软座	一等舱	一等舱	不包括出租小汽车,凭据报销	财行[2015]497号,"根据职级对应的住宿费标准自行选择宾馆住宿(不分房型),在限额内据实报销"	财行[2015]497号和财行[2016]71号,(见表5—2)	西藏、青海、新疆为120元/人天,其他地区为100元/人天	财办行[2019]104号(见表5—3)	80元/人天	财办行[2019]104号(见表5—3)
司局级及相当人员	火车软席(软座、软卧),高铁/动车一等座、全列软席动车列车一等软座	二等舱	经济舱							
其余人员	火车硬席(硬座、硬卧),高铁/动车二等座、全列软席动车列车二等软座	三等舱								

189

表5—2 中央和国家机关工作人员赴地方差旅住宿费明细标准

序号	地区（城市）		住宿费标准（元）			旺季浮动标准（元）				
			部级	司局级	其他人员	旺季地区	旺季期间	旺季上浮价		
								部级	司局级	其他人员
1	北京	全市	1100	650	500					
2	天津	6个中心城区、滨海新区、东丽区、西青区、津南区、北辰区、武清区、宝坻区、静海区、蓟县	800	480	380					
		宁河区	600	350	320					
3	河北	石家庄市、张家口市、秦皇岛市、廊坊市、承德市、保定市	800	450	350	张家口市	7—9月、11—3月	1200	675	525
						秦皇岛市	7—8月	1200	680	500
						承德市	7—9月	1000	580	580
		其他地区	800	450	310					
4	山西	大同市、晋城市	800	480	350					
		临汾市	800	480	330					
		阳泉市、长治市、晋中市	800	480	310					
		其他地区	800	400	240					

续表

序号	地区（城市）		住宿费标准（元）			旺季浮动标准（元）				
			部级	司局级	其他人员	旺季地区	旺季期间	旺季上浮价		
								部级	司同级	其他人员
5	内蒙古	呼和浩特市	800	460	350					
		其他地区	800	460	320	海拉尔市、满洲里市、阿尔山市	7—9月	1200	690	480
						二连浩特市	7—9月	1000	580	400
						额济纳旗	9—10月	1200	690	480
6	辽宁	沈阳市	800	480	350					
		其他地区	800	480	330					
7	大连	全市	800	490	350	全市	7—9月	960	590	420
8	吉林	长春市、吉林市、延边州、长白山管理区	800	450	350	吉林市、延边州、长白山管理区	7—9月	960	540	420
		其他地区	750	400	300					

191

序号	地区（城市）		住宿费标准（元）			旺季浮动标准（元）		旺季上浮价（元）		
			部级	司局级	其他人员	旺季地区	旺季期间	部级	司局级	其他人员
9	黑龙江	哈尔滨市	800	450	350	哈尔滨市	7—9月	960	540	420
		其他地区	750	450	300	牡丹江市、伊春市、大兴安岭地区、黑河市、佳木斯市	6—8月	900	540	360
10	上海	全市	1100	600	500					
11	江苏	南京市、苏州市、无锡市、常州市、镇江市	900	490	380					
		其他地区	900	490	360					
12	浙江	杭州市	900	500	400					
		其他地区	800	490	340					
13	宁波	全省	800	450	350					
14	安徽	全省	800	460	350					
15	福建	福州市、泉州市、平潭综合实验区	900	480	380					
		其他地区	900	480	350					
16	厦门	全市	900	500	400					

续表

序号	地区（城市）		住宿费标准（元）			旺季浮动标准（元）				
			部级	司局级	其他人员	旺季地区	旺季期间	旺季上浮价		
								部级	司局级	其他人员
17	江西	全省	800	470	350					
18	山东	济南市、淄博市、枣庄市、东营市、烟台市、潍坊市、济宁市、泰安市、威海市、日照市	800	480	380	烟台市、威海市、日照市	7—9月	960	570	450
		其他地区	800	460	360					
19	青岛	全市	800	490	380	全市	7—9月	960	590	450
20	河南	郑州市	900	480	380	洛阳市	4—5月上旬	1200	720	500
		其他地区	800	480	330					
21	湖北	武汉市	800	480	350					
		其他地区	800	480	320					
22	湖南	长沙市	800	450	350					
		其他地区	800	450	330					
23	广东	广州市、珠海市、佛山市、东莞市、中山市、江门市	900	550	450					
		其他地区	850	530	420					
24	深圳	全市	900	550	450					

续表

序号	地区（城市）		住宿费标准（元）			旺季浮动标准（元）				
			部级	司局级	其他人员	旺季地区	旺季期间	旺季上浮价		
								部级	司局级	其他人员
25	广西	南宁市	800	470	350					
		其他地区	800	470	330	桂林市、北海市	1—2月、7—9月	1040	610	430
26	海南	海口市、三沙市、儋州市、五指山市、文昌市、琼海市、万宁市、东方市、定安县、屯昌县、澄迈县、临高县、白沙县、昌江县、乐东县、陵水县、保亭县、琼中县、洋浦开发区	800	500	350	海口市、文昌市、澄迈县	11—2月	1040	650	450
						琼海市、万宁市、陵水县、保亭县	11—3月	1040	650	450
		三亚市	1000	600	400	三亚市	10—4月	1200	720	480
27	重庆	9个中心城区、北部新区	800	480	370					
		其他地区	770	450	300					
28	四川	成都市	900	470	370					
		阿坝州、甘孜州	800	430	330					
		绵阳市、乐山市、雅安市	800	430	320					
		宜宾市	800	430	300					
		凉山州	800	430	330					
		德阳市、遂宁市、巴中市	750	430	310					
		其他地区	750	430	300					

续表

序号	地区（城市）		住宿费标准（元）			旺季浮动标准（元）				
			部级	司局级	其他人员	旺季地区	旺季期间	旺季上浮价（元）		
								部级	司局级	其他人员
29	贵州	贵阳市	800	470	370					
		其他地区	750	450	300					
30	云南	昆明市、大理州、丽江市、迪庆州、西双版纳州	900	480	380					
		其他地区	900	480	330					
31	西藏	拉萨市	800	500	350	拉萨市	6—9月	1200	750	530
		其他地区	500	400	300	其他地区	6—9月	800	500	350
32	陕西	西安市	800	460	350					
		榆林市、延安市	680	350	300					
		杨凌区	680	320	260					
		咸阳市、宝鸡市	600	320	260					
		渭南市、韩城市	600	300	260					
		其他地区	600	300	230					
33	甘肃	兰州市	800	470	350					
		其他地区	700	450	310					

续表

序号	地区（城市）	住宿费标准（元）			旺季浮动标准（元）		旺季上浮价		
		部级	司局级	其他人员	旺季地区	旺季期间	部级	司同级	其他人员
34 青海	西宁市	800	500	350	西宁市	6—9月	1200	750	530
	玉树州，果洛州	600	350	300	玉树州	5—9月	900	525	450
	海北州，黄南州	600	350	250	海北州、黄南州	5—9月	900	525	375
	海东市，海南州	600	300	250	海东市、海南州	5—9月	900	450	375
	海西州	600	300	200	海西州	5—9月	900	450	300
35 宁夏	银川市	800	470	350					
	其他地区	800	430	330					
36 新疆	乌鲁木齐市	800	480	350					
	石河子市、克拉玛依市，昌吉州，伊犁州，阿勒泰地区，博州，吐鲁番市，哈密地区，巴州，和田地区	800	480	340					
	克州	800	480	320					
	喀什地区	780	480	300					
	阿克苏地区	700	450	300					
	塔城地区	700	400	300					

资料来源：引自《中央和国家机关工作人员赴地方差旅住宿费标准明细表》（财行〔2016〕71号）。

规矩 5—3 《关于加强公务机票购买管理有关事项的通知》

（一）财务管理应关注"不得""禁止"等红线及"罚则"

购票人应当做好公务出行计划安排，尽可能选择低价机票，原则上不得购买全价机票……。

（二）适用范围

文件主送：党中央有关部门，国务院各部委、各直属机构，全国人大常委会办公厅，全国政协办公厅，高法院，高检院；各人民团体，各民主党派；各省、自治区、直辖市、计划单列市人民政府，新疆生产建设兵团。

规矩 5—4 《关于规范差旅伙食费和市内交通费收交管理有关事项的通知》

（一）定额标准

见表5—3。

（二）适用范围

文件主送：各省、自治区、直辖市、计划单列市财政厅（局）、机关事务主管部门，新疆生产建设兵团财政局、机关事务管理局，党中央有关部门办公厅（室），国务院各部委、各直属机构办公厅（室），全国人大常委会办公厅秘书局，全国政协办公厅秘书局，高法院办公厅，高检院办公厅，各民主党派中央办公厅，有关人民团体办公厅（室）。

表 5—3 差旅活动中向接待单位交纳伙食费和市内交通费标准

出差人员	在接待单位内部食堂用餐，向其交纳伙食费				在宾馆、饭店用餐	接待单位提供交通工具，向其交纳市内交通费		接待单位出具和出差人持有的票据		
	有标准的	无标准的				有标准的	无标准的	行政事业单位资金往来结算票据	税务发票	其他收款凭证
		早餐	中餐	晚餐						
按标准	按标准	日伙食补助费标准的20%/人/天	日伙食补助标准的40%/人/天	日伙食补助费标准的40%/人/天	按照餐饮服务单位收费标准交纳	按标准，≤日市内交通费标准	市内交通费标准的50%/人/半天	可以	可以	可以

第二节　案例分析

案例 5—1　公务差旅超标准

（一）基本事实

1. 2015 年，×× 部门所属 ×× 单位超标准报销差旅费，涉及资金 15.15 万元；

2. 2015 年，×× 部门所属 ×× 单位工作人员超标准乘坐飞机、动车等交通工具共计 140 人次，涉及资金 11.5 万元；

3. 2014 年，×× 部门所属 ×× 单位违规报销司局级及以下工作人员乘坐飞机头等舱、公务舱机票费用，涉及资金 70.90 万元。

（二）定性适用政策

《中央和国家机关差旅费管理办法》（财行〔2013〕531 号）第二十五条，"财务部门应当严格按规定审核差旅费开支，对未经批准出差以及超范围、超标准开支的费用不予报销"；第七条，"……未按规定等级乘坐交通工具的，超支部分由个人自理"；第二十三条，"……未按规定开支差旅费的，超支部分由个人自理"。

（三）处理处罚和处分适用政策

1.《党政机关厉行节约反对浪费条例》（2013 年 11 月）第

五十八条，"有下列情形之一的，追究相关人员的责任：……
（四）违反管理规定超标准或者以虚假事项开支的；……"；第
六十一条，"违反本条例规定获得的经济利益，应当予以收缴
或者纠正。违反本条例规定，用公款支付、报销应由个人支付
的费用，应当责令退赔"。

2.《中央和国家机关差旅费管理办法》（财行〔2013〕531
号）第二十九条，"违反本办法规定，有下列行为之一的，依
法依规追究相关单位和人员的责任：……（三）擅自扩大差
旅费开支范围和提高开支标准的；（四）不按规定报销差旅费
的……"。

案例 5—2 公务差旅机票违规支付服务费

（一）基本事实

2017 年，×× 部门本级和所属 ×× 单位向票务公司支付
禁止加收的订票服务费，涉及资金 11.41 万元。

（二）定性适用政策

《关于国内航空旅客运输销售代理手续费有关问题的通知》
（民航发〔2016〕6 号），"二、销售代理企业不得向旅客额外
加收客票价格以外的任何服务费，不得通过恶意篡改航空运输
企业按规定公布的客票价格及适用条件、捆绑销售等违规手
段，侵害消费者和航空运输企业权益"。

（三）处理处罚和处分适用政策

《关于国内航空旅客运输销售代理手续费有关问题的通知》（民航发〔2016〕6号），"四、各级价格、民航主管部门要加强对国内航空运输市场价格监管，严肃查处销售机票加收服务费等违法行为……"。

案例 5—3　公务差旅机票采购不规范

（一）基本事实

1.2018年，××部门所属××单位部分公务差旅机票购买未优先购买通过政府采购方式确定的机票，也未提供购买其他低价机票的证明材料，涉及资金12.48万元；

2.2017年，××部门所属13家单位部分公务差旅机票未优先购买通过政府采购方式确定的机票，也未提供购买其他低价机票的证明材料，涉及资金1559.97万元。

（二）定性适用政策

1.《关于加强公务机票购买管理有关事项的通知》（财库〔2014〕33号），"一、各级国家机关、事业单位和团体组织工作人员，以及使用财政性资金购买公务机票的其他人员，国内出差、因公临时出国购买机票，应当按照厉行节约和支持本国航空公司发展的原则，优先购买通过政府采购方式确定的我国航空公司航班优惠机票……四、……对于各航空公司提供的低于政府采购优惠票价的团队价格或促销价格机票，购票人可选择购买……"。

2.《关于加强公务机票购买管理有关事项的补充通知》（财库〔2014〕180号），"……购票人可以购买市场上公务机票销售渠道外低于政府采购优惠票价的国内航空公司航班机票，购票时应当保留从各航空公司官方网站或者政府采购机票管理网站下载的出行日期机票市场价格截图等证明其低于购票时点政府采购优惠票价的材料。……购票人……报销购买市场低价机票的费用时，应当提供低于政府采购优惠票价的证明材料"。

（三）处理处罚和处分适用政策

《中央和国家机关差旅费管理办法》（财行〔2013〕531号）第二十九条，"违反本办法规定，有下列行为之一的，依法依规追究相关单位和人员的责任：……（六）其他违反本办法行为的"。

案例 5—4 差旅费未使用公务卡结算

（一）基本事实

1.2018年，××部门所属××单位公务差旅机票未按规定使用公务卡结算，涉及资金30.88万元；

2.2016年，××部门本级未按规定使用公务卡结算住宿费，涉及资金58.83万元。

（二）定性适用政策

1.《中央和国家机关差旅费管理办法》（财行〔2013〕531号）第二十四条，"……住宿费、机票支出等按规定用公务卡结算"。

2.《中央预算单位公务卡管理暂行办法》（财库〔2007〕63号）第三条，"中央预算单位财政授权支付业务中原使用现金结算的公用经费支出，包括差旅费、会议费、招待费和5万元（以人民币为单位）以下的零星购买支出等，一般应当使用公务卡结算……"。

3.《关于实施中央预算单位公务卡强制结算目录的通知》（财库〔2011〕160号），"二、严格执行公务卡强制结算目录（一）所有实行公务卡制度改革的中央预算单位，都应严格执行中央预算单位公务卡强制结算目录（差旅费属于强制结算目录中的内容）。（二）凡目录规定的公务支出项目，应按规定使用公务卡结算，原则上不再使用现金结算……"。

4.《关于加快推进公务卡制度改革的通知》（财库〔2012〕132号），"中央预算单位要严格执行《中央预算单位公务卡强制结算目录》，按规定使用公务卡结算的，原则上不再使用现金"。

（三）处理处罚和处分适用政策

《中央和国家机关差旅费管理办法》（财行〔2013〕531号）第二十九条，"违反本办法规定，有下列行为之一的，依法依规追究相关单位和人员的责任：……（六）其他违反本办法行为的"。

案例 5—5 差旅费核算报销不规范

（一）基本事实

1. 2018 年，×× 部门本级将 3 个因公出国团组的费用记入"差旅费"等科目，涉及资金 30.44 万元；

2. 2014 年，×× 部门所属 ×× 单位将召开会议的费用记入"差旅费"等科目，涉及资金 2.64 万元；

3. 2014 年至 2017 年 4 月，×× 部门所属 ×× 单位将差旅费中交通费支出、住宿费支出及出差补贴支出等内容分开报销，导致无法对应公务出差时间、事由、人员等。

（二）定性适用政策

上述案例有故意隐匿"三公"支出之嫌。

1.《中央和国家机关差旅费管理办法》（财行〔2013〕531号）第三条，"差旅费是指工作人员临时到常驻地以外地区公务出差所发生的城市间交通费、住宿费、伙食补助费和市内交通费"；第二十四条，"工作人员出差结束后应当及时办理报销手续。差旅费报销时应当提供出差审批单、机票、车票、住宿费发票等凭证。住宿费、机票支出等按规定用公务卡结算"；第二十五条，"财务部门应当严格按规定审核差旅费开支，对未经批准出差以及超范围、超标准开支的费用不予报销。实际发生住宿而无住宿费发票的，不得报销住宿费以及城市间交通费、伙食补助费和市内交通费"。

2.《机关事务管理条例》（国务院令第 621 号）第十二条，"……政府各部门应当根据工作需要和机关运行经费预算制定……因公出国（境）费支出计划，不得挪用其他预算资金用于……因公出国（境）"。

3.《预算法实施条例》（国务院令第 186 号）第六十二条，"……预算支出，必须按照本级政府财政部门批复的预算科目和数额执行……"。

4.《中华人民共和国会计法》（2017 年 11 月）第九条，"各单位必须根据实际发生的经济业务事项进行会计核算。……任何单位不得以虚假的经济业务事项或者资料进行会计核算"。

（三）处理处罚和处分适用政策

《中央和国家机关差旅费管理办法》（财行〔2013〕531 号）第二十六条，"各单位应当加强对本单位工作人员出差活动和经费报销的内控管理，对本单位出差审批制度、差旅费预算及规模控制负责，相关领导、财务人员等对差旅费报销进行审核把关，确保票据来源合法，内容真实完整、合规。对未经批准擅自出差、不按规定开支和报销差旅费的人员进行严肃处理"；第二十九条，"违反本办法规定，有下列行为之一的，依法依规追究相关单位和人员的责任：……（四）不按规定报销差旅费的；……（六）其他违反本办法行为的。"

案例 5—6 差旅费支出依据不充分

（一）基本事实

1. 2014—2017 年 5 月，×× 部门所属 ×× 单位在无任何明细和具体事由说明的情况下，列支非本单位人员差旅费，涉及资金 70.95 万元；

2. 2014 年至 2017 年 4 月，×× 部门所属 ×× 单位列支的差旅费，无公务差旅费报销应提供的审批材料，涉及资金 190.69 万元。

（二）定性适用政策

1.《党政机关厉行节约反对浪费条例》（2013 年 11 月）第十三条，"党政机关应当建立健全并严格执行国内差旅内部审批制度，从严控制国内差旅人数和天数，严禁无明确公务目的的差旅活动，严禁以公务差旅为名变相旅游，严禁异地部门间无实质内容的学习交流和考察调研"。

2.《中央和国家机关差旅费管理办法》（财行〔2013〕531 号）第四条，"中央单位应当建立健全公务出差审批制度。出差必须按规定报经单位有关领导批准，从严控制出差人数和天数；严格差旅费预算管理，控制差旅费支出规模；严禁无实质内容、无明确公务目的的差旅活动，严禁以任何名义和方式变相旅游，严禁异地部门间无实质内容的学习交流和考察调研"；第二十四条，"工作人员出差结束后应当及时办理报销手续。

差旅费报销时应当提供出差审批单、机票、车票、住宿费发票等凭证"。

（三）处理处罚和处分适用政策

《中央和国家机关差旅费管理办法》（财行〔2013〕531号）第二十六条，"各单位应当加强对本单位工作人员出差活动和经费报销的内控管理，对本单位出差审批制度、差旅费预算及规模控制负责，相关领导、财务人员等对差旅费报销进行审核把关，确保票据来源合法，内容真实完整、合规。对未经批准擅自出差、不按规定开支和报销差旅费的人员进行严肃处理……"；第二十九条，"违反本办法规定，有下列行为之一的，依法依规追究相关单位和人员的责任：……（四）不按规定报销差旅费的；……（六）其他违反本办法行为的。"

案例 5—7 转嫁差旅费

（一）基本事实

1.2014年，××部门所属××单位将差旅费等费用转由其下属单位承担，涉及资金40.9万元；

2.2014年，××部门本级工作人员与该部门所属××单位工作人员一同出差，该部门本级工作人员将部分差旅费用转由所属单位承担，涉及资金0.34万元；

3.2013年，××部门本级有11人赴外地开展调研，期间共发生11人每人4天的住宿费用，该费用转由外单位承担。

（二）定性适用政策

1.《中央和国家机关差旅费管理办法》（财行〔2013〕531号）第二十二条，"出差人员应当严格按规定开支差旅费，费用由所在单位承担，不得向下级单位、企业或其他单位转嫁"。

2.《党政机关国内公务接待管理规定》（2013年12月）第九条，"……出差人员住宿费应当回本单位凭据报销……"。

（三）处理处罚和处分适用政策

《中央和国家机关差旅费管理办法》（财行〔2013〕531号）第二十九条，"违反本办法规定，有下列行为之一的，依法依规追究相关单位和人员的责任：……（五）转嫁差旅费的；……"。

案例 5—8 借公务差旅公款旅游

（一）基本事实

2015年至2017年6月，××部门所属××单位差旅费支出中，交通费与会议文件通知中的出差地点不一致，支出事项中还含有酒吧消费、旅游景点等费用，涉及资金2.72万元。

（二）定性适用政策

1.《党政机关厉行节约反对浪费条例》（2013年11月）第十三条，"党政机关应当建立健全并严格执行国内差旅内部审批制度，从严控制国内差旅人数和天数，严禁无明确公务目的的差旅活动，严禁以公务差旅为名变相旅游，严禁异地部门间无实质内容的学习交流和考察调研"。

2.《中央和国家机关差旅费管理办法》(财行〔2013〕531号)第三条，"差旅费是指工作人员临时到常驻地以外地区公务出差所发生的城市间交通费、住宿费、伙食补助费和市内交通费"；第四条，"中央单位应当建立健全公务出差审批制度。出差必须按规定报经单位有关领导批准，从严控制出差人数和天数；严格差旅费预算管理，控制差旅费支出规模；严禁无实质内容、无明确公务目的的差旅活动，严禁以任何名义和方式变相旅游，严禁异地部门间无实质内容的学习交流和考察调研"；第二十五条，"财务部门应当严格按规定审核差旅费开支，对未经批准出差以及超范围、超标准开支的费用不予报销……"。

（三）处理处罚和处分适用政策

1.《党政机关厉行节约反对浪费条例》(2013年11月)第六十一条，"……违反本条例规定，用公款支付、报销应由个人支付的费用，应当责令退赔"。

2.《中央和国家机关差旅费管理办法》(财行〔2013〕531号)第二十六条，"各单位应当加强对本单位工作人员出差活动和经费报销的内控管理，对本单位出差审批制度、差旅费预算及规模控制负责，相关领导、财务人员等对差旅费报销进行审核把关，确保票据来源合法，内容真实完整、合规。对未经批准擅自出差、不按规定开支和报销差旅费的人员进行严肃处理"；第二十九条，"违反本办法规定，有下列行为之一的，依法依规追究相关单位和人员的责任：（一）单位无出差审批制度或出差审批控制不严的；……（三）擅自扩大差旅费开支范围和提高开支标准的；（四）不按规定报销差旅费的；……"。

案例 5—9　公务差旅既使用公车又领取补贴

（一）基本事实

2017 年 4 月—2018 年 11 月，×× 部门所属 ×× 单位普通工作人员赴机场时多次使用接待单位公车，未交纳有关用车费用，出差结束报销时依然领取市内交通补贴。

（二）定性适用政策

1.《中央和国家机关差旅费管理办法》（财行〔2013〕531 号）第十九条，"市内交通费是指工作人员因公出差期间发生的市内交通费用"；第二十条，"市内交通费按出差自然（日历）天数计算，每人每天 80 元包干使用"；第二十一条，"出差人员由接待单位或其他单位提供交通工具的，应向接待单位或其他单位交纳相关费用"。

2.《关于规范差旅伙食费和市内交通费收交管理有关事项的通知》（财办行〔2019〕104 号），"二、出差人员出差期间按规定领取市内交通费。接待单位协助提供交通工具并有收费标准的，出差人员按标准交纳，最高不超过日市内交通费标准；没有收费标准的，每人每半天按照日市内交通费标准的 50% 交纳"。

（三）处理处罚和处分适用政策

《中央和国家机关差旅费管理办法》（财行〔2013〕531 号）第二十九条，"违反本办法规定，有下列行为之一的，依法依规追究相关单位和人员的责任：……（六）其他违反本办法行为的"。

案例 5—10　公务差旅内部规定违反原则

（一）基本事实

1. 截至 2017 年，××部门所属××事业单位举办的全资国有企业制定的内部差旅费管理办法中规定"总经理、副总经理出差乘坐飞机头等舱，高铁一等座，总经理出差发生住宿费实报实销"并执行。

2. 截至 2017 年，××部门所属××事业单位举办的全资国有企业制定的内部出差管理办法中规定"副总经理及以上人员出差费用一律实报实销，不再给予任何出差补助"。

（二）定性适用政策

1. 《党政机关厉行节约反对浪费条例》（2013 年 11 月）第十四条，"国内差旅人员应当严格按规定乘坐交通工具、住宿、就餐……"；第六十三条，"……国有企业、国有金融企业、不参照公务员法管理的事业单位，参照本条例执行"。

2. 参照《中央和国家机关差旅费管理办法》（财行〔2013〕531 号）第七条，"出差人员应当按规定等级乘坐交通工具"；

第十二条，"财政部分地区制定住宿费限额标准……"；第十七条，"财政部分地区制定伙食补助费标准……"；第二十条，"市内交通费按出差自然（日历）天数计算，每人每天80元包干使用"；第二十三条，"城市间交通费按乘坐交通工具的等级凭据报销，订票费、经批准发生的签转或退票费、交通意外保险费凭据报销。住宿费在标准限额之内凭发票据实报销。伙食补助费按出差目的地的标准报销，在途期间的伙食补助费按当天最后到达目的地的标准报销。市内交通费按规定标准报销。未按规定开支差旅费的，超支部分由个人自理"；第二十五条，"财务部门应当严格按规定审核差旅费开支，对未经批准出差以及超范围、超标准开支的费用不予报销"。

（三）处理处罚和处分适用政策

1.《党政机关厉行节约反对浪费条例》（2013年11月）第六十一条，"……违反本条例规定，用公款支付、报销应由个人支付的费用，应当责令退赔"。

2.参照《中央和国家机关差旅费管理办法》（财行〔2013〕531号）第二十六条，"各单位应当加强对本单位工作人员出差活动和经费报销的内控管理，对本单位出差审批制度、差旅费预算及规模控制负责，相关领导、财务人员等对差旅费报销进行审核把关，确保票据来源合法，内容真实完整、合规。对未经批准擅自出差、不按规定开支和报销差旅费的人员进行严肃处理……"；第二十九条，"违反本办法规定，有下列行为之一的，依法依规追究相关单位和人员的责任：……（三）擅自扩大差旅费开支范围和提高开支标准的；（四）不按规定报销差旅费的；……"。

第三节　问题讨论

讨论 5—1　公务差旅中住宿房型和住宿人数有何
　　　　要求？

这个问题在《中央和国家机关差旅费管理办法有关问题的解答》（财办行〔2014〕90 号）以及《关于调整中央和国家机关差旅住宿费标准等有关问题的通知》（财行〔2015〕497 号）等文件发布后，就非常明确和清晰了。

（一）房型

《中央和国家机关差旅费管理办法》（财行〔2013〕531 号）第十三条规定的"部级及相当职务人员住普通套间，司局级及以下人员住单间或标准间"，在《关于调整中央和国家机关差旅住宿费标准等有关问题的通知》（财行〔2015〕497 号）中作了进一步明确，即"各类人员应当坚持勤俭节约原则，根据职级对应的住宿费标准自行选择宾馆住宿（不分房型），在限额标准内据实报销"。

（二）住宿人数

《中央和国家机关差旅费管理办法有关问题的解答》（财办行〔2014〕90号）中明确，即"在规定标准之内出差人员可以自行选择与其级别相适应的房间类型，对2人住1间房不再作硬性规定"。

讨论 5—2 连续公务出差赴同一地区，间隔周末，如何处理？

在实际工作，同一名同志连续两个出差任务，赴同一地区，并且间隔周末的情况，时常遇到，涉及周末发生的费用如何处理。对于这个问题应具体问题具体分析，不能一概而论。

（一）参考市场监管总局印发的《直属预算单位项目支出预算测算标准指导手册（试行）》（市监科财函〔2019〕1858号）文件，文件中规定，比如某出差人员从北京出发，到1500公里以内的地区出差，往返机票通常按照2800元/人次测算，往返火车票按照700元/人次测算，如果某出差人员第一个出差任务结束即返回北京，周末结束后再前往同一出差地区，那么该出差人员需要花费的交通费至少在700—2800元。如果该出差人员第一个出差任务完成后不返回北京，在当地过周末后直接履行第二个出差任务，那么该出差人员只发生周末2天的住宿费、伙食费及市内交通费。因周末通常没有公务活动，市内交通费不应报销，不领取包干补贴，但正常的住宿费、伙食费 2 天合计一般不会超过 1000 元，可见留在出差地点过周末比多一次城市间往返要节约费用。因此，本着厉行节约的原则，并报请上级同意，周末留在出差地，发生的住宿费和伙食费等通常少于城市间往返费用，应予报销住宿费用并发放伙食补贴。当然，对于路途比较短，交通费用相对便宜的，比如北京到天津出差，如遇周末，完全可以返回北京，避免发生额外的住宿等费用。

（二）可参考《中央和国家机关差旅费管理办法有关问题的解答》（财办行〔2014〕90 号）"7.经单位领导批准工作人员出差期间回家省亲办事的差旅费如何报销？工作人员出差期间回家省亲办事的，城市间交通费按不高于从出差目的地返回单位按规定乘坐相应交通工具的票价予以报销，超出部分由个人自理；伙食补助费和市内交通费按从出差目的地返回单位的天数（扣除回家省亲办事的天数）和规定标准予以报销"的规定，省亲期间伙食补助、市内交通费不予发放是完全合理的，因为"省亲"是经批准的"私事"。但是对于连续两个公务出差间隔一周末，出差同志是为了节省城市间往返交通费用留在出差地的话，是否可考虑发放伙食补助费。

（三）对于公务出差结束后恰逢法定节假日（包括周末）的情况，出差人员应及时返回，不应擅自逗留。《中国纪检监察》2019 年第 12 期《纠"四风"疑难问题面对面公差应该怎么出》中讨论过类似案例《难题之一出差结束恰逢周末怎么办？》。

出差人可参考上述讨论情况，并遵照本单位公务出差管理规定，按照实事求是、厉行节约的原则执行。

讨论 5—3　向接待单位交纳的伙食费、市内交通费如何处理？

《中央和国家机关差旅费管理办法》（财行〔2013〕531号）第十八条规定，"凡由接待单位统一安排用餐的，应当向接待单位交纳伙食费"，第二十一条规定，"出差人员由接待单位或其他单位提供交通工具的，应向接待单位或其他单位交纳相关费用"。所交纳的伙食费、市内交通费如何处理，目前也已有非常明确规定。

（一）《中央和国家机关差旅费管理办法有关问题的解答》（财办行〔2014〕90号）规定，"接待单位协助安排就餐的，出差人员应当在差旅费管理办法规定的标准内向接待单位交纳相应的伙食费。接待单位应向出差人员出具接收凭证（不做报销依据），收取的伙食费用于抵顶接待单位的招待费支出"；"接待单位提供交通工具的，出差人员应当在差旅费管理办法规定的标准内向接待单位交纳市内交通费。接待单位应向出差人员出具接收凭证（不做报销依据），收取的市内交通费用于抵顶接待单位的车辆运行支出"。

（二）《关于规范差旅伙食费和市内交通费收交管理有关事项的通知》（财办行〔2019〕104号）规定，"接待单位应当按规定收取出差人员相关费用，及时出具行政事业单位资金往来结算票据或税务发票；确实无法出具上述凭证的，可出具其他收款凭证。加强收取费用的管理，做好业务台账登记，纳入统一核算，所收费用可作为代收款项用于相关支出或作收入处里"。

讨论　5—4　中央高校、科研院所与普通事业单位公务差旅上的异同？

根据《关于进一步完善中央财政科研项目资金管理等政策的若干意见》（2016 年 7 月）规定，中央高校、科研院所与普通事业单位公务差旅上存在异同。

（一）不同点

对于中央高校、科研院所来说：

1.简化预算编制科目，合并会议费、差旅费、国际合作与交流科目，由科研人员结合科研活动实际需要编制预算并按规定统筹安排使用，其中不超过直接费用 10%的，不需要提供预算测算依据。

2.中央高校、科研院所可根据教学、科研、管理工作实际需要，按照精简高效、厉行节约的原则，研究制定差旅费管理办法，合理确定教学科研人员乘坐交通工具等级和住宿费标准。

3.对于难以取得住宿费发票的，中央高校、科研院所在确保真实性的前提下，据实报销城市间交通费，并按规定标准发放伙食补助和市内交通费。《关于进一步做好中央财政科研项目资金管理等政策贯彻落实工作的通知》（财科教〔2017〕6号）规定，中央高校、科研院所以单位正式文件形式印发的有关差旅管理办法，应作为预算编制、评估评审、经费管理、审计检查、财务验收等工作依据，打消项目承担单位对内部差旅管理办法"权威性够不够"的顾虑。

（二）共同点

按照《党政机关厉行节约反对浪费条例》（2013年11月）的有关规定，中央高校、科研院所与普通事业单位差旅活动管理上的共同点是：

1. 从严控制国内差旅人数和天数；

2. 严禁无明确公务目的的差旅活动；

3. 严禁以公务差旅为名变相旅游；

4. 严禁异地部门间无实质内容的学习交流和考察调研；

5. 差旅人员不得向接待单位提出正常公务活动以外的要求；

6. 不得接受礼金、礼品和土特产品等；

7. 差旅人员费用由其所在单位承担。

第六章　培训活动

◎ 《中国共产党纪律处分条例》（2018 年 8 月）

第一百零五条　有下列行为之一，对直接责任者和领导责任者，情节较轻的，给予警告或者严重警告处分；情节较重的，给予撤销党内职务或者留党察看处分；情节严重的，给予开除党籍处分：

（一）公款旅游或者以学习培训、考察调研、职工疗养等为名变相公款旅游的；

（二）改变公务行程，借机旅游的；

（三）参加所管理企业、下属单位组织的考察活动，借机旅游的。

以考察、学习、培训、研讨、招商、参展等名义变相用公款出国（境）旅游的，依照前款规定处理。

◎ 2012 年以来涉及"培训活动"的重要制度政策

1.《党政机关厉行节约反对浪费条例》（2013 年 11 月）

2.《关于严格规范领导干部参加社会化培训有关事项的通知》(中组发〔2014〕18号)

3.《干部教育培训工作条例》(2015年10月)

4.《中央和国家机关培训费管理办法》(财行〔2016〕540号)

5.《关于公布国家职业资格目录的通知》(人社部发〔2017〕68号)

第一节　管理红线和标准

规矩 6—1　《党政机关厉行节约反对浪费条例》

(一)财务管理应关注的"不得""禁止"等红线及"罚则"

第十条　……严格开支范围和标准，严格支出报销审核，不得报销任何超范围、超标准以及与相关公务活动无关的费用。

第三十二条　严禁以培训名义召开会议……严禁在培训经费中列支公务接待费、会议费等与培训无关的任何费用。严禁以培训名义进行公款宴请、公款旅游活动。

第五十八条　有下列情形之一的，追究相关人员的责任：(一)未经审批列支财政性资金的；(二)采取弄虚作假等手段违规取得审批的；(三)违反审批要求擅自变通执行的；(四)

违反管理规定超标准或者以虚假事项开支的；（五）利用职务便利假公济私的；（六）有其他违反审批、管理、监督规定行为的。

第五十九条　有下列情形之一的，追究主要负责人或者有关领导干部的责任：（一）本地区、本部门、本单位铺张浪费、奢侈奢华问题严重，对发现的问题查处不力，干部群众反映强烈的；（二）指使、纵容下属单位或者人员违反本条例规定造成浪费的；（三）不履行内部审批、管理、监督职责造成浪费的；（四）不按规定及时公开本地区、本部门、本单位有关厉行节约反对浪费工作信息的；（五）其他对铺张浪费问题负有领导责任的。

第六十条　违反本条例规定造成浪费的，根据情节轻重，由有关部门依照职责权限给予批评教育、责令作出检查、诫勉谈话、通报批评或者调离岗位、责令辞职、免职、降职等处理。应当追究党纪政纪责任的，依照《中国共产党纪律处分条例》《行政机关公务员处分条例》等有关规定给予相应的党纪政纪处分。涉嫌违法犯罪的，依法追究法律责任。

第六十一条　违反本条例规定获得的经济利益，应当予以收缴或者纠正。违反本条例规定，用公款支付、报销应由个人支付的费用，应当责令退赔。

（二）适用范围

1.适用于党的机关、人大机关、行政机关、政协机关、审判机关、检察机关；

2.适用于工会、共青团、妇联等人民团体；

3.适用于参照公务员法管理的事业单位；

4.国有企业、国有金融企业、不参照公务员法管理的事业单位参照执行。

规矩 6—2 《关于严格规范领导干部参加社会化培训有关事项的通知》

（一）财务管理应关注的"不得""禁止"等红线及"罚则"

1.严禁领导干部参加高收费的培训项目和各类名为学习提高、实为交友联谊的培训项目。

2.严禁各级各类干部教育培训机构和各高等学校举办允许领导干部参加的高收费培训项目，或委托其他社会机构举办各类领导干部培训班。

3.领导干部个人参加其他面向社会举办的教育培训项目，包括各种非学历教育、学历教育和在职学位教育等教育培训，必须按照干部管理权限向组织人事部门报告，并说明培训项目的举办机构、项目名称、学习期限和费用等。未经批准不得擅自参加。

4.领导干部个人参加其他非高收费的社会化培训，费用一律由本人承担，不得由财政经费和单位经费报销，不得接受任何机构或他人的资助或变相资助。

（二）适用范围

1.适用于党政机关领导干部参加社会化培训；

2.适用于国有企业领导干部参加社会化培训；

3.适用于事业单位领导干部参加社会化培训。

规矩 6—3 《干部教育培训工作条例》

（一）财务管理应关注的"不得""禁止"等红线及"罚则"

第十八条　干部个人参加社会化培训，费用一律由本人承担，不得由财政经费和单位经费报销，不得接受任何机构和他人的资助或者变相资助。

第三十六条　……不得组织干部到没有资质的教育培训机构培训……规范干部教育培训收费标准，严禁借干部教育培训之名谋取不当利益。

（二）适用范围

1.适用于党的机关、人大机关、行政机关、政协机关、审判机关、检察机关的干部教育培训工作；

2.适用于列入公务员法实施范围的其他机关和参照公务员法管理的机关（单位）的干部教育培训工作；

3.国有企业、不参照公务员法管理的事业单位结合各自特点执行本条例；

4.中国人民解放军和中国人民武装警察部队的干部教育培训办法，由中央军事委员会根据本条例的基本精神制定。

规矩 6—4 《中央和国家机关培训费管理办法》

（一）财务管理应关注的"不得""禁止"等红线及"罚则"

第六条 年度培训计划一经批准，原则上不得调整。

第九条 （培训）天数含报到撤离时间，报到和撤离时间分别不得超过1天。

第十一条 培训实行中央和地方分级管理，各单位举办培训，原则上不得下延至市、县及以下。

第十三条 组织培训的工作人员控制在参训人员数量的10%以内，最多不超过10人。

第十四条 严禁借培训名义安排公款旅游；严禁借培训名义组织会餐或安排宴请；严禁组织高消费娱乐健身活动；严禁使用培训费购置电脑、复印机、打印机、传真机等固定资产以及开支与培训无关的其他费用；严禁在培训费中列支公务接待费、会议费；严禁套取培训费设立"小金库"。培训住宿不得安排高档套房，不得额外配发洗漱用品；培训用餐不得上高档菜肴，不得提供烟酒；除必要的现场教学外，7日以内的培训不得组织调研、考察、参观。

第十五条 境内师资能够满足培训需要的，不得邀请境外师资。

第十七条 各单位财务部门应当严格按照规定审核培训费开支，对未履行审批备案程序的培训，以及超范围、超标准开支的费用不予报销。

第十九条 培训费由培训举办单位承担，不得向参训人员收取任何费用。

第二十二条 中央组织部、财政部、国家公务员局等有关部门对各单位培训活动和培训费管理使用情况进行监督检查。主要内容包括：（一）培训计划的编报是否符合规定；（二）临时增加培训计划是否报单位主要负责同志审批；（三）培训费开支范围和开支标准是否符合规定；（四）培训费报销和支付是否符合规定；（五）是否存在虚报培训费用的行为；（六）是否存在转嫁、摊派培训费用的行为；（七）是否存在向参训人员收费的行为；（八）是否存在奢侈浪费现象；（九）是否存在其他违反本办法的行为。

第二十三条 对于检查中发现的违反本办法的行为，由中央组织部、财政部、国家公务员局等有关部门责令改正，追回资金，并予以通报。对相关责任人员，按规定予以党纪政纪处分；涉嫌违法的，移交司法机关处理。

（二）**定额标准**

见表6—1。

（三）**名词解释**

培训：指中央和国家机关及其所属机构使用财政资金在境内举办的三个月以内的各类培训。

表6—1 中央和国家机关培训综合定额标准及讲课费、工作人员数量标准

	30日内培训综合定额标准（元）					超过30日培训	讲课费（元/学时）			其他人员	工作人员
	住宿费	伙食费	场地、资料、交通费	其他费用	合计		副高级	正高级	院士、全国知名专家		
一类培训	500	150	80	30	760	超过天数按综合定额标准的70%控制	≤500	≤1000	≤1500	参照前述标准执行	控制在参加培训人员数量的10%以内，最多不超过10人
二类培训	400	150	70	30	650						
三类培训	340	130	50	30	550						

（四）适用范围

1.适用于党中央各部门，国务院各部委、各直属机构，全国人大常委会办公厅，全国政协办公厅，最高人民法院，最高人民检察院；

2.适用于各人民团体，各民主党派中央和全国工商联；

3.中央事业单位培训费管理参照本办法执行。

规矩 6—5 《关于公布国家职业资格目录的通知》

（一）财务管理应关注的"不得""禁止"等红线及"罚则"

1.国家按照规定的条件和程序将职业资格纳入国家职业资格目录，实行清单式管理，目录之外一律不得许可和认定职业资格，目录之内除准入类职业资格外一律不得与就业创业挂钩……

2.行业协会、学会等社会组织和企事业单位依据市场需要自行开展能力水平评价活动，不得变相开展资格资质许可和认定，证书不得使用"中华人民共和国""中国""中华""国家""全国""职业资格"或"人员资格"等字样和国徽标志……

（二）适用范围

文件主送：各省、自治区、直辖市人民政府，国务院各部委、各直属机构。

第二节　案例分析

案例 6—1　培训费支出超标准

（一）基本事实

1. 2018 年，××部门本级举办 4 期使用财政资金的培训班，但超标准列支培训费，涉及资金 55.79 万元；

2. 2017 年，××部门本级使用财政资金举办秋季处级干部进修班，但超标准列支培训费，涉及资金 18.24 万元。

（二）定性适用政策

《中央和国家机关培训费管理办法》（财行〔2016〕540 号）第九条，"除师资费外，培训费实行分类综合定额标准……一类培训（参训人员主要为省部级及相应人员的培训项目）760元 / 人天，二类培训（参训人员主要为司局级人员的培训项目）650 元 / 人天，三类培训（参训人员主要为处级及以下人员的培训项目）550 元 / 人天……综合定额标准是相关费用开支的上限。各单位应在综合定额标准以内结算报销……"；第十条，"师资费在综合定额标准外单独核算。（一）讲课费（税后）执行以下标准：副高级技术职称专业人员每学时最高不超过 500元，正高级技术职称专业人员每学时最高不超过 1000 元，院士、全国知名专家每学时一般不超过 1500 元。讲课费按实际发生的学时计算，每半天最多按 4 学时计算……同时为多班次一并授课的，不重复计算讲课费……"；第十七条，"……各单位财务部门应当严格按照规定审核培训费支出，对未履行审批备案程序的培训，以及超范围、超标准开支的费用不予报销"。

（三）处理处罚和处分适用政策

1.《党政机关厉行节约反对浪费条例》（2013 年 11 月）第五十八条，"有下列情形之一的，追究相关人员的责任：……（四）违反管理规定超标准或者以虚假事项开支的；……"。

2.《中央和国家机关培训费管理办法》（财行〔2016〕540 号）第二十二条，"中央组织部、财政部、国家公务员局等有关部门对各单位培训活动和培训费管理使用情况进行监督检查。主要内容包括：……（三）培训费开支范围和开支标准是否符合规定；（四）培训费报销和支付是否符合规定；……"；第二十三条，"对于检查中发现的违反本办法的行为，由中央组织部、财政部、国家公务员局等有关部门责令改正，追回资金，并予以通报。对相关责任人员，按规定予以党纪政纪处分；涉嫌违法的，移交司法机关处理"。

案例 6—2　培训费支出超范围

（一）基本事实

1. 2018 年，×× 部门所属 ×× 单位在"培训费"科目中列支半年总结会等 3 项会议费用，涉及资金 7.45 万元；

2. 2014 年，××部门本级在使用财政资金举办的培训班中，扩大开支范围列支培训费，涉及资金 2.34 万元。

（二）定性适用政策

1.《党政机关厉行节约反对浪费条例》（2013 年 11 月）第三十二条，"严禁以培训名义召开会议……严禁在培训经费中列支公务接待费、会议费等与培训无关的任何费用。严禁以培训名义进行公款宴请、公款旅游活动"。

2.《中央和国家机关培训费管理办法》（财行〔2016〕540 号）第八条，"培训费是指单位开展培训直接发生的各项费用支出，包括师资费、住宿费、伙食费、培训场地费、培训资料费、交通费以及其他支出……"；第十四条，"严禁借培训名义安排公款旅游；严禁借培训名义组织会餐或安排宴请；严禁组织高消费娱乐健身活动；严禁使用培训费购置电脑、复印机、打印机、传真机等固定资产以及开支与培训无关的其他费用；严禁在培训费中列支公务接待费、会议费；严禁套取培训费设立"小金库"。培训住宿不得安排高档套房，不得额外配发洗漱用品；培训用餐不得上高档菜肴，不得提供烟酒；除必要的现场教学外，7 日以内的培训不得组织调研、考察、参观"；第十七条，"……各单位财务部门应当严格按照规定审核培训费支出，对未履行审批备案程序的培训，以及超范围、超标准开支的费用不予报销"。

（三）处理处罚和处分适用政策

《中央和国家机关培训费管理办法》（财行〔2016〕540号）第二十二条，"中央组织部、财政部、国家公务员局等有关部门对各单位培训活动和培训费管理使用情况进行监督检查。主要内容包括：……（三）培训费开支范围和开支标准是否符合规定；（四）培训费报销和支付是否符合规定；……"；第二十三条，"对于检查中发现的违反本办法的行为，由中央组织部、财政部、国家公务员局等有关部门责令改正，追回资金，并予以通报。对相关责任人员，按规定予以党纪政纪处分；涉嫌违法的，移交司法机关处理"。

案例 6—3　转嫁摊派培训费

（一）基本事实

1. 2018 年，×× 部门所属 ×× 单位举办培训班，参训的 91 人培训费转由其下属单位承担，涉及资金 9.92 万元；

2. 2018 年，×× 部门本级将有关培训班的费用支出转由其下属单位承担，涉及资金 41.7 万元；

3. 2017 年，×× 部门所属 ×× 单位举办培训班，培训班费用转由参训人员所在单位承担，涉及资金 45.42 万元；

4. 2017 年，×× 部门本级举办的培训班费用转由有关企业承担，涉及资金 33.52 万元；

5. 2017 年，×× 部门所属 ×× 单位在组织由财政资金保障的 1 期培训班的同时，以举办相关培训辅导班的名义又收取参训人员费用，涉及资金 16.70 万元。

（二）定性适用政策

《中央和国家机关培训费管理办法》（财行〔2016〕540 号）第十九条，"培训费由培训举办单位承担，不得向参训人员收取任何费用"。

（三）处理处罚和处分适用政策

《中央和国家机关培训费管理办法》（财行〔2016〕540 号）第二十二条，"中央组织部、财政部、国家公务员局等有关部门对各单位培训活动和培训费管理使用情况进行监督检查。主要内容包括：……（六）是否存在转嫁、摊派培训费用的行为；（七）是否存在向参训人员收费的行为；……"；第二十三条，"对于检查中发现的违反本办法的行为，由中央组织部、财政部、国家公务员局等有关部门责令改正，追回资金，并予以通报。对相关责任人员，按规定予以党纪政纪处分；涉嫌违法的，移交司法机关处理"。

案例 6—4　虚列培训费支出

（一）基本事实

2014 年，××部门所属××单位在培训班尚未举办的情况下，虚列培训费支出，涉及资金 80.05 万元。

（二）定性适用政策

1.《中央和国家机关培训费管理办法》（财行〔2016〕540号）第十四条，"……严禁套取培训费设立'小金库'……"；第十七条，"报销培训费，综合定额范围内的，应当提供培训计划审批文件、培训通知、实际参训人员签到表以及培训机构出具的受款票据、费用明细等凭证；师资费范围内的，应当提供讲课费签收单或合同，异地授课的城市间交通费、住宿费、伙食费按照差旅费报销办法提供相关凭据；执行中经单位主要负责同志批准临时增加的培训项目，还应提供单位主要负责同志审批材料。各单位财务部门应当严格按照规定审核培训费支出，对未履行审批备案程序的培训，以及超范围、超标准开支的费用不予报销"。

2.《中华人民共和国预算法》（2015年1月）第五十七条，"……支出必须按照预算执行，不得虚假列支"。

3.《中华人民共和国会计法》（2017年11月）第九条，"各单位根据实际发生的经济业务事项进行会计核算，填制会计凭证，登记会计账簿，编制财务会计报告。任何单位不得以虚假的经济业务事项或者资料进行会计核算"。

（三）处理处罚和处分适用政策

《中央和国家机关培训费管理办法》（财行〔2016〕540号）第二十二条，"中央组织部、财政部、国家公务员局等有关部门对各单位培训活动和培训费管理使用情况进行监督检查。主要内容包括：……（四）培训费报销和支付是否符合规定；（五）是否存在虚报培训费用的行为；……"；第二十三条，"对于检查中发现的违反本办法的行为，由中央组织部、财政部、国家公务员局等有关部门责令改正，追回资金，并予以通报。对相关责任人员，按规定予以党纪政纪处分；涉嫌违法的，移交司法机关处理"。

案例 6—5 培训费未使用公务卡结算

（一）基本事实

2018 年，×× 部门所属 ×× 单位举办的 25 个培训，相关培训费用未按规定使用公务卡结算。

（二）定性适用政策

1.《中央和国家机关培训费管理办法》（财行〔2016〕540 号）第十八条，"培训费的资金支付应当执行国库集中支付和公务卡管理有关制度规定"。

2.《关于实施中央预算单位公务卡强制结算目录的通知》（财库〔2011〕160 号），"二、严格执行公务卡强制结算目录（一）所有实行公务卡制度改革的中央预算单位，都应严格执行中央预算单位公务卡强制结算目录（培训费属于强制结算目录中的内容）。（二）凡目录规定的公务支出项目，应按规定使用公务卡结算，原则上不再使用现金结算……"。

3.《关于加快推进公务卡制度改革的通知》（财库〔2012

132号），"中央预算单位要严格执行《中央预算单位公务卡强制结算目录》，按规定使用公务卡结算的，原则上不再使用现金"。

（三）处理处罚和处分适用政策

《中央和国家机关培训费管理办法》（财行〔2016〕540号）第二十二条，"中央组织部、财政部、国家公务员局等有关部门对各单位培训活动和培训费管理使用情况进行监督检查。主要内容包括：……（四）培训费报销和支付是否符合规定；……（九）是否存在其他违反本办法的行为"；第二十三条，"对于检查中发现的违反本办法的行为，由中央组织部、财政部、国家公务员局等有关部门责令改正，追回资金，并予以通报。对相关责任人员，按规定予以党纪政纪处分；涉嫌违法的，移交司法机关处理"。

案例 6—6 培训无计划

（一）基本事实

1. 2018年，××部门所属3家单位举办的20个培训班，未按规定纳入培训计划；

2. 2018年，××部门本级在未制定年度培训计划的情况下，全年共组织培训14次，涉及资金290.57万元；

3. 2018年，××部门所属××单位在未编制年度培训计划的情况下举办培训班，涉及资金20.12万元；

4.2017 年，××部门本级在当年培训计划之外，超计划组织了 9 个培训班，涉及资金 330.52 万元。

（二）定性适用政策

1.《中央和国家机关培训费管理办法》（财行〔2016〕540号）第五条，"建立培训计划编报和审批制度。各单位培训主管部门制订的本单位年度培训计划（包括培训名称、目的、对象、内容、时间、地点、参训人数、所需经费及列支渠道等），经单位财务部门审核后，报单位领导办公会议或党组（党委）会议批准后施行"；第六条，"年度培训计划一经批准，原则上不得调整。因工作需要确需临时增加培训项目的，报单位主要负责同志审批"；第十七条，"……各单位财务部门应当严格按照规定审核培训费支出，对未履行审批备案程序的培训，以及超范围、超标准开支的费用不予报销"。

2.《中华人民共和国预算法》（2015 年 1 月）第十三条，"……支出必须以经批准的预算为依据，未列入预算的不得支出"。

3.《预算法实施条例》（国务院令第 186 号）第六十二条，"……预算支出，必须按照本级政府财政部门批复的预算科目和数额执行……"。

（三）处理处罚和处分适用政策

《中央和国家机关培训费管理办法》（财行〔2016〕540 号）第二十二条，"中央组织部、财政部、国家公务员局等有关部门对各单位培训活动和培训费管理使用情况进行监督检查。主要内容包括：（一）培训计划的编报是否符合规定；（二）临时增加培训计划是否报单位主要负责同志审批；……（四）培训费报销和支付是否符合规定；……"。第二十三条，"对于检查中发现的违反本办法的行为，由中央组织部、财政部、国家公务员局等有关部门责令改正，追回资金，并予以通报。对相关责任人员，按规定予以党纪政纪处分；涉嫌违法的，移交司法机关处理"。

案例 6—7　违规支付讲课费

（一）基本事实

1. 2018 年，×× 部门本级连续组织五期研修班，每期研修班各有 3 名司局级干部五期合计 15 人次司局级干部出席 30 分钟左右的开班式，开班式后，出席开班式的司局级干部均以讲课费名义领取费用，涉及资金 3.7 万元；

2. 2018 年，×× 部门本级组织的培训班中聘请本地 ×× 高校副教授授课半天，发给该副教授讲课费（税后）4000 元，实际应发 2000 元，超标准发放 2000 元；

3. 2016 年，×× 部门所属 ×× 单位在培训费中列支讲课费发放给未参与授课的 12 名职工，涉及资金 5.12 万元。

（二）定性适用政策

《中央和国家机关培训费管理办法》（财行〔2016〕540 号）

第八条，"……师资费是指聘请师资授课发生的费用，包括授课老师讲课费……"；第十条，"师资费在综合定额标准外单独核算。（一）讲课费（税后）执行以下标准：副高级技术职称专业人员每学时最高不超过 500 元，……讲课费按实际发生的学时计算，每半天最多按 4 学时计算……"；第十七条，"各单位财务部门应当严格按照规定审核培训费支出，对未履行审批备案程序的培训，以及超范围、超标准开支的费用不予报销"。

（三）处理处罚和处分适用政策

1.《党政机关厉行节约反对浪费条例》（2013 年 11 月）第五十八条，"有下列情形之一的，追究相关人员的责任：……（四）违反管理规定超标准或者以虚假事项开支的；……"。

2.《中央和国家机关培训费管理办法》（财行〔2016〕540 号）第二十二条，"中央组织部、财政部、国家公务员局等有关部门对各单位培训活动和培训费管理使用情况进行监督检查。主要内容包括：……（四）培训费报销和支付是否符合规定；……（五）是否存在虚报培训费用的行为；……（九）是否存在其他违反本办法的行为"；第二十三条，"对于检查中发现的违反本办法的行为，由中央组织部、财政部、国家公务员局等有关部门责令改正，追回资金，并予以通报。对相关责任人员，按规定予以党纪政纪处分；涉嫌违法的，移交司法机关处理"。

案例 6—8　讲课费标准不明晰

（一）基本事实

2017 年 7—8 月，×× 部门所属 ×× 单位举办两期培训班，两期培训班中均邀请了同一位授课教师，但向该授课教师支付讲课费时，一次按照国内知名专家 1250 元 / 学时标准支付，一次则按照正教授 1000 元 / 学时标准发放，财务凭证中未见该教师相关资质证明。

（二）定性适用政策

《中央和国家机关培训费管理办法》（财行〔2016〕540 号）第十条，"师资费在综合定额标准外单独核算。（一）讲课费（税后）执行以下标准：副高级技术职称专业人员每学时最高不超过 500 元，正高级技术职称专业人员每学时最高不超过 1000 元，院士、全国知名专家每学时一般不超过 1500 元。讲课费按实际发生的学时计算，每半天最多按 4 学时计算。其他人员讲课费参照上述标准执行……"。

（三）处理处罚和处分适用政策

《中央和国家机关培训费管理办法》（财行〔2016〕540 号）第二十二条，"中央组织部、财政部、国家公务员局等有关部门对各单位培训活动和培训费管理使用情况进行监督检查。主要内容包括：……（四）培训费报销和支付是否符合规定；……（九）是否存在其他违反本办法的行为"；第二十三条，"对于检查中发现的违反本办法的行为，由中央组织部、财政部、国家公务员局等有关部门责令改正，追回资金，并予以通报。对相关责任人员，按规定予以党纪政纪处分；涉嫌违法的，移交司法机关处理"。

案例 6—9 培训期间违规组织参观

（一）基本事实

2016 年，×× 部门所属 ×× 单位举办 2 期财政资金保障的培训班，每期培训班均为 3 天日程，但是在 3 天的培训日程中有 2 天安排了在当地或周边参观。

（二）定性适用政策

1.《党政机关厉行节约反对浪费条例》（2013 年 11 月）第三十二条，"……严禁以培训名义进行……公款旅游活动"。

2.《中央和国家机关培训费管理办法》（财行〔2016〕540 号）第十四条，"严禁借培训名义安排公款旅游……除必要的现场教学外，7 日以内的培训不得组织调研、考察、参观"。

（三）处理处罚和处分适用政策

《中央和国家机关培训费管理办法》（财行〔2016〕540 号）第二十二条，"中央组织部、财政部、国家公务员局等有关部门对各单位培训活动和培训费管理使用情况进行监督检查。主要内容包括：……（九）是否存在其他违反本办法的行为"；第二十三条，"对于检查中发现的违反本办法的行为，由中央组织部、财政部、国家公务员局等有关部门责令改正，追回资金，并予以通报。对相关责任人员，按规定予以党纪政纪处分；涉嫌违法的，移交司法机关处理"。

案例 6—10　培训收入不上缴

（一）基本事实

2018 年，×× 部门委托所属 ×× 单位开展具有强制性的短训班，培训收入未及时上缴国库，涉及资金 230.45 万元。

（二）定性适用政策

1.《关于事业单位和社会团体有关收费管理问题的通知》（财规〔2000〕47 号）规定，"三、事业单位和社会团体等非企业组织经政府部门授权或委托，根据法律法规和国务院部门规章的规定开展的培训，属于法定培训，具有强制性，其培训收费应作为行政事业性收费管理……使用财政部门行政事业性收费票据"，收入应上缴财政。

2.《政府非税收入管理办法》（财税〔2016〕33 号）第三条，"……（非税收入）具体包括：（一）行政事业性收费收入；……"；第二十七条，"非税收入应当依照法律、法规规定或者按照管理权限确定收入归属和缴库要求，缴入相应次级国库"。

（三）处理处罚和处分适用政策

1.《财政违法行为处罚处分条例》（国务院令第 427 号）第

四条，"财政收入执收单位及其工作人员有下列违反国家财政收入上缴规定的行为之一的，责令改正，调整有关会计账目，收缴应当上缴的财政收入，限期退还违法所得。对单位给予警告或者通报批评。对直接负责的主管人员和其他直接责任人员给予记大过处分；情节较重的，给予降级或者撤职处分；情节严重的，给予开除处分：（一）隐瞒应当上缴的财政收入；（二）滞留、截留、挪用应当上缴的财政收入；（三）坐支应当上缴的财政收入；……"。

2.《政府非税收入管理办法》（财税〔2016〕33号）第三十八条，"对违反本办法规定设立、征收、缴纳、管理非税收入的行为，依照《中华人民共和国预算法》《财政违法行为处罚处分条例》和《违反行政事业性收费和罚没收入收支两条线管理规定行政处分暂行规定》等国家有关规定追究法律责任；涉嫌犯罪的，依法移送司法机关处理"。

案例 6—11 培训收支核算不规范

（一）基本事实

1. 2018年，××部门所属××单位培训班收支未纳入单位统一核算，当年收入涉及资金240.36万元，当年支出涉及资金216.45万元，结余涉及资金23.91万元；

2. 2017年，××部门所属××单位举办培训班，收费未全额纳入统一核算，造成决算收支不实，涉及金额55.04万元。

（二）定性适用政策

1.《中华人民共和国会计法》（2017 年 11 月）第九条，"各单位必须根据实际发生的经济业务事项进行会计核算，填制会计凭证，登记会计账簿，编制财务会计报告"；第十六条，"各单位发生的各项经济业务事项应当在依法设置的会计账簿上统一登记、核算，不得违反本法和国家统一的会计制度的规定私设会计账簿登记、核算"。

2.《事业单位会计准则》（财政部令第72号）第十三条，"事业单位应当将发生的各项经济业务或者事项统一纳入会计核算，确保会计信息能够全面反映事业单位的财务状况、事业成果、预算执行等情况"。

3.《行政单位会计制度》（财库〔2013〕218号）第十四条，"行政单位应当将发生的各项经济业务或者事项全部纳入会计核算，确保会计信息能够全面反映行政单位的财务状况和预算执行情况等"；第三十三条，"行政单位的收入一般应当在收到款项时予以确认，并按照实际收到的金额进行计量"；第三十六条，"行政单位的支出一般应当在支付款项时予以确认，并按照实际支付金额进行计量"。

4.《政府会计准则——基本准则》（财政部令第78号）第十一条，"政府会计主体应当以实际发生的经济业务或者事项为依据进行会计核算，如实反映各项会计要素的情况和结果，保证会计信息真实可靠"；第十二条，"政府会计主体应当将发生的各项经济业务或者事项统一纳入会计核算，确保会计信息能够全面反映政府会计主体预算执行情况和财务状况、运行情况、现金流量等"。

案例 6—12 跨年度核销培训费

（一）基本事实

2017 年 3 月，×× 部门所属 ×× 单位结算 2016 年第二、三季度培训费支出拖延到下年 3 月实施，涉及资金 115.27 万元。

（二）定性适用政策

1.《预算法实施条例》（国务院令第 186 号）第六十二条，"……预算支出，必须按照本级政府财政部门批复的预算科目和数额执行……"；第六十七条，"……在每一预算年度终了时，应当清理核实全年预算收入、支出数字和往来款项，做好决算数字的对账工作……"。

2.《政府会计准则——基本准则》（财政部令第 78 号）第十四条，"政府会计主体对已经发生的经济业务或者事项，应当及时进行会计核算，不得提前或者延后"。

3.《行政单位会计制度》（财库〔2013〕218 号）第四十八条，"属于本年的各项支出，要按规定的支出渠道如实列报"。

案例 6—13 培训费列支"三公"内容

(一)基本事实

1. 2016 年，××部门本级将 2 个因公出国（境）团组费用在"培训费"科目中列支，涉及资金 206.97 万元；

2. 2014 年，××部门所属××单位在"培训费"科目中列支因公出国的国际旅费、住宿费等费用，涉及资金 9.73 万元；

3. 2014 年 12 月，××部门本级 25 人次参加所属××单位组织的 7 个赴香港考察团组，有关费用在拨付该所属单位的"培训费"中列支，涉及资金 5.01 万元。

(二)定性适用政策

上述案例均有故意隐匿"三公"支出之嫌。

1.《中央和国家机关培训费管理办法》（财行〔2016〕540 号）第十四条，"……严禁使用培训费……开支与培训无关的其他费用……"；第十七条，"……各单位财务部门应当严格按照规定审核培训费支出，对未履行审批备案程序的培训，以及超范围、超标准开支的费用不予报销"。

2.《机关事务管理条例》（国务院令第 621 号）第十二条，"……政府各部门应当根据工作需要和机关运行经费预算制定……因公出国（境）费支出计划，不得挪用其他预算资金用于……或者因公出国（境）"。

3.《中华人民共和国预算法》（2015年1月）第十三条，"……支出必须以经批准的预算为依据，未列入预算的不得支出"。

4.《预算法实施条例》（国务院令第186号）第六十二条，"……预算支出，必须按照本级政府财政部门批复的预算科目和数额执行……"。

5.《中华人民共和国会计法》（2017年11月）第九条，"各单位根据实际发生的经济业务事项进行会计核算，填制会计凭证，登记会计账簿，编制财务会计报告。任何单位不得以虚假的经济业务事项或者资料进行会计核算"。

（三）处理处罚和处分适用政策

1.《中央和国家机关培训费管理办法》（财行〔2016〕540号）第二十二条，"中央组织部、财政部、国家公务员局等有关部门对各单位培训活动和培训费管理使用情况进行监督检查。主要内容包括：……（五）是否存在虚报培训费用的行为；……（九）是否存在其他违反本办法的行为"；第二十三条，"对于检查中发现的违反本办法的行为，由中央组织部、财政部、国家公务员局等有关部门责令改正，追回资金，并予以通报。对相关责任人员，按规定予以党纪政纪处分；涉嫌违法的，移交司法机关处理"。

2.《机关事务管理条例》（国务院令第621号）第三十二条，"违反本条例规定，有下列情形之一的，由上级机关责令改正，并由任免机关或者监察机关对责任人员给予警告处分；情节较重的，给予记过或者记大过处分；情节严重的，给予降级或者撤职处分：（一）超预算、超标准开支……因公出国（境）费，或者挪用其他预算资金用于……因公出国（境）的；……"。

第三节 问题讨论

讨论 6—1 哪些培训允许收费，哪些不能收费？

举办培训是否能够收费，简单的分析，应分两个方面判断。

1.由财政资金安排培训费的，不得收费。《中央和国家机关培训费管理办法》（财行〔2016〕540号）第十九条规定，"培训费由培训举办单位承担，不得向参训人员收取任何费用"。

2.不使用财政资金的培训。不使用财政资金的培训，可以收费，但原则上也分为"自愿性的培训"与"法定培训"，根据《关于事业单位和社会团体有关收费管理问题的通知》（财规〔2000〕47号）有关规定，自愿性的培训收费按经营服务性收费的相关规定管理，应当开具税务发票；法定培训收费按行政事业性收费的相关规定管理，开具财政部门行政事业性收费票据。

讨论 6—2 如何把握"全国知名专家"？

在《中央和国家机关培训费管理办法》（财行〔2016〕540号）第十条的规定中，把"全国知名专家"与院士并列，每学时的讲课费可以按不高于1500元的标准执行，这个标准远高于副高级或正高级职称专业人员的讲课费标准。如何把握"全国知名专家"，《中央和国家机关培训费管理办法》（财行〔2016〕540号）中没有给出明确的路径标准，当然也不可能按照"耳熟能详"的标准来判定。目前关于专家、人才等的称号，在国家层面有不少，不同部门有一些，不同地区也有一些，有的地方还根据地域特点出台了"知名专家"界定的办法或标准。收集了目前一些重要的专家称号：

1."国家最高科学技术奖"获得者；

2."国家有突出贡献专家"获得者；

3."国家科技功臣"获得者；

4.享受"国务院政府津贴"的专家；

5.国家杰出青年科学基金获得者，简称"杰青"；

6.长江学者奖励计划获得者（该计划包括实行特聘教授岗位制度和长江学者成就奖两项内容），简称"长江学者"；

7.入选"国家高层次人才特殊支持计划"的人员，简称"万人计划"。

当然，这里不可能穷举各领域、各专业、各行业、各系统的各类专家。在实际工作中，还应该本着实事求是的原则来界定"全国知名专家"，《中央和国家机关培训费管理办法》（财行〔2016〕540号）也有"其他人员讲课费参照上述标准执行"的规定。

讨论　6—3　讲课费、评审费、咨询费等如何把握？

讲课费、评审费、咨询费等在定义上、标准上有区别。具体来说：

（一）三者在定义上的区分

1.讲课费。根据《2020年政府收支分类科目》（财预〔2019〕142号）中的《部门预算支出经济分类科目》，讲课费属于培训费中的师资费的内容。"培训费"反映的是除因公出国（境）培训费以外的，在培训期间发生的师资费、住宿费、伙食费、培训场地费、培训资料费、交通费等各类培训费用。《中央和国家机关培训费管理办法》（财行〔2016〕540号）第八条规定，"（一）师资费是指聘请师资授课发生的费用，包括授课老师讲课费、住宿费、伙食费、城市间交通费等"。

2.评审费。根据《2020年政府收支分类科目》（财预〔2019〕142号）中的《部门预算支出经济分类科目》，评审费属于劳务费的内容。"劳务费"反映支付给外单位和个人的劳务费用，如临时聘用人员、钟点工工资、稿费、翻译费、评审费等。另外，还应注意"劳务费"与"其他工资福利支出"科目的区别，对于编制外长期聘用人员（不包括劳务派遣人员）劳务报酬等应当列"其他工资福利支出"科目，而不能列"劳务费"科目。

3.咨询费。根据《2020 年政府收支分类科目》（财预〔2019〕142 号）中的《部门预算支出经济分类科目》，"咨询费"反映单位咨询方面的支出。日常工作中经常遇到的所谓"专家咨询费"，其规范的说法应该是"咨询费"。

（二）三者在标准上的区分

1.讲课费。根据《中央和国家机关培训费管理办法》（财行〔2016〕540 号）第十条规定，"（一）讲课费（税后）执行以下标准：副高级技术职称专业人员每学时最高不超过 500元，正高级技术职称专业人员每学时最高不超过 1000 元，院士、全国知名专家每学时一般不超过 1500 元；讲课费按实际发生的学时计算，每半天最多按 4 学时计算；其他人员讲课费参照上述标准执行；同时为多班次一并授课的，不重复计算讲课费；培训工作确有需要从异地（含境外）邀请授课老师，路途时间较长的，经单位主要负责同志书面批准，讲课费可以适当增加"。

2.劳务费。对于劳务费的标准，要区分普通行政事业单位和中央高校、科研院所，要区分普通项目的评审和中央科研项目的评审。

对于普通行政事业单位劳务费的原则和标准。对于临时聘用人员劳务费，参照市场价格，依据聘用人员职称，结合其具体工作量确定。有的部门对此给出了编报预算时的测算标准（注意不是支出标准），比如市场监管总局《直属预算单位项目支出预算测算标准指导手册（试行）》（市监科财函〔2019〕1858号）中指出，评审费"通常具有副高级及以上职称或注册执业资格人员按照500—800元/人天测算；具有中级职称人员，按照300—500元/人天测算；其他人员按照150—300元/人天测算"。

对于中央高校、科研院所和中央科研项目的原则和标准。根据《关于进一步完善中央财政科研项目资金管理等政策的若干意见》（2016年7月）规定，明确劳务费开支范围，不设比例限制。参与项目研究的研究生、博士后、访问学者以及项目聘用的研究人员、科研辅助人员等，均可开支劳务费。项目聘用人员的劳务费开支标准，参照当地科学研究和技术服务从业人员平均工资水平，根据其在项目研究中承担的工作任务确定，其社会保险补助纳入劳务费科目列支。劳务费预算不设比例限制，由项目承担单位和科研人员据实编制，比如北京地区可达12万元/人年（2016年的标准）。同时根据"关于进一步完善中央财政科研项目资金管理等政策的若干意见问答"情况，在项目总预算不变的情况下，直接费用中的劳务费支出预算可以调减，不得调增。对于项目层面聘用的财务助理，所需费用可通过劳务费安排解决；对于单位统一聘用的财务助理，所需费用可通过科研项目间接费用、单位日常运转经费等渠道安排解决。另外，在《关于进一步做好中央财政科研项目资金管理等政策贯彻落实工作的通知》（财科教〔2017〕6号）中规定，项目承担单位应当建立健全劳务费管理办法，进一步细化访问学者、项目聘用研究人员的管理要求，规范对访问学者、项目聘用研究人员的资格认定、审批或备案、公开公示程序，明确管理责任，细化岗位设立、工作协议、劳务费标准和发放办法等日常管理规定。项目聘用研究人员应当是项目承担单位通过劳务派遣方式或者签订劳动合同、聘用协议等方式为项目聘用的研究人员（包括退休人员）。劳务费内部管理办法应作为预算编制、评估评审、经费管理、审计检查、财务验收的工作依据。

3. 咨询费。对于咨询费的标准，要区分普通项目的咨询和中央科研项目的咨询。

对于普通项目咨询费的原则和标准。有的部门对此给出了编报预算时的测算标准（注意不是支出标准），比如市场监管总局《直属预算单位项目支出预算测算标准指导手册（试行）》（市监科财函〔2019〕1858号）中指出，"通常情况下一般参照的咨询费标准是：会议形式的，参照高级职称人员不高于500—800元/人天，其他人员不高于300—500元/人天，会期超过2天的，第三天及以后标准可参照高级职称人员不高于300—400元/人天，其他人员不高于200—300元/人天执行。

通讯形式的，参照高级职称人员不高于 60—100 元 / 人天，其他人员不高于 40—80 元 / 人天"。

对于中央科研项目咨询费的原则和标准。根据《中央财政科研项目专家咨询费管理办法》（财科教〔2017〕128 号）规定，中央财政科研项目专家咨询费是指科研项目（课题）承担单位在项目（课题）实施过程中支付给临时聘请的咨询专家的费用。第一，中央财政科研项目专家咨询费按照高级专业技术职称人员 1500—2400 元 / 人天（税后），其他专业技术人员 900—1500 元 / 人天（税后）。第二，对中国科学院院士、中国工程院院士等全国知名专家，可按照高级专业技术职称人员的专家咨询费标准上浮 50% 执行。第三，对取得博士学位，但尚未取得高级专业技术职称的人员，可参照高级专业技术职称人员的专家咨询费标准执行。第四，以会议形式组织的咨询、专家咨询第一天、第二天按照规定标准执行。会期超过 2 天的，第三天及以后按照规定标准的 50% 执行；召开半天会议的，专家咨询费不得超过规定标准的 60%；以通信形式组织的咨询，专家咨询费按次计算，按照规定标准的 20%—50% 执行。第五，不同领域、相同专业技术职称的专家咨询费标准应当保持一致；跨领域专家的咨询费可按专业技术职称较高的标准执行。第六，专家咨询费不得支付给参与项目（课题）研究及其管理的相关人员。

讨论 6—4 公务员能否领取讲课费、评审费、咨询费等？

日常工作中，公务员可能会发生领取"讲课费""评审费""咨询费"的情况。公务员是否可以领取上述费用？讨论这个问题，应严格把握各项有关政策，区别对待，不宜一概而论。

（一）什么是"讲课费""评审费""咨询费"。根据《2020年政府收支分类科目》（财预〔2019〕142号）的规定："讲课费"并不是独立的支出经济分类科目，它包含在"培训费"这个支出经济分类科目内，主要是指培训期间发生的"师资费"中的讲课费；"评审费"也不是独立的支出经济分类科目，它包含在"劳务费"这个支出经济分类科目内，劳务费是反映支付给外单位和个人的劳务费用，如临时聘用人员、钟点工工资、稿费、翻译费、评审费等；"咨询费"是独立的支出经济分类科目，它反映单位咨询方面的支出。

（二）现行政策中尚未见到明确禁止公务员领取"讲课费""评审费""咨询费"等报酬的明文规定，且"党员干部个人事项报告"中允许处级以上公务员填报工资之外取得的劳务费、讲课费、稿费等报酬的情况。以"讲课费"为例，《中央和国家机关培训费管理办法》（财行〔2016〕540号）第十条规定，"师资费在综合定额标准外单独核算。（一）讲课费（税后）执行以下标准：副高级技术职称专业人员每学时最高不超过 500 元，正高级技术职称专业人员每学时最高不超过 1000 元，院士、全国知名专家每学时一般不超过 1500 元。……其他人员讲课费参照上述标准执行"。这条规定中的"其他人员"，在整个管理办法中并不禁止公务员。

（三）公务员能否利用专业特长取得讲课费、评审费、咨询费等报酬。这个问题的关键在于，公务员取得这些报酬是否"利用职务之便，是否影响公正履职"。以下五种情形应审慎对待。

1. 在正常工作时间内不宜领取工资之外的报酬。《中华人民共和国公务员法》（2018 年 12 月）第七十九条规定，"公务员实行国家统一规定的工资制度。公务员工资制度贯彻按劳分配的原则，体现工作职责、工作能力、工作实绩、资历等因素，保持不同领导职务、职级、级别之间的合理工资差距"。可见，公务员在正常工作时间付出的劳动，国家已经支付了正常的工资，如果在工作时间内，进行的授课培训、咨询、评审等除了不应再领取工资以外的劳动报酬外，还必须按照组织程序报上级批准。

2. 有可能影响公正履职的评审、咨询等不宜领取"劳务费""咨询费"等。《中华人民共和国公务员法》（2018 年 12 月）第一百零七条规定，"公务员辞去公职或者退休的，原系领导成员、县处级以上领导职务的公务员在离职三年内，其他公务员在离职两年内，不得到与原工作业务直接相关的企业或者其他营利性组织任职，不得从事与原工作业务直接相关的营利性活动"。对于退休或辞去公职的公务员法律尚且有上述相关规定，对于在职公务员参与有可能影响公正履职的咨询、评审等更不宜再领取工资之外的报酬。早在1988年国家就颁布《国家行政机关及其工作人员在国内公务活动中不得赠送和接受礼品的规定》（国务院令第20号），该规定第三条指出，"国家行政机关及其工作人员不得假借名义或者以变相形式……接受礼品：（一）以鉴定会、评比会、业务会、订货会、展销会、招待会、茶话会、新闻发布会、座谈会、研讨会以及其他会议的形式；……（五）以其他形式和名义"。有的部门对此做过一些规定，比如市场监管总局《直属预算单位项目管理暂行办法》（市监科财函〔2018〕1850号）中规定"各单位邀请市场监管总局机关公务员作为评审专家的，不得支付评审费"；《关于进一步规范劳务费管理的通知》（市监科财〔2020〕68号）中规定，"各单位邀请总局机关公务员参加与其职务相关联工作的，原则上不得发放任何名义的劳务费。"

3. 不得从事营利性活动并获得报酬。公务员、党员干部从事营利性活动并获得报酬的，违反《中华人民共和国公务员法》（2018年12月）第五十九条，"公务员应当遵纪守法，不得有下列行为：……（十六）违反有关规定从事或者参与营利性活动，在企业或者其他营利性组织中兼任职务……"和《中国共产党纪律处分条例》（2018年8月）第九十四条（党员干部），

"……（三）从事有偿中介活动的；……（六）有其他违反有关规定从事营利活动的。"的规定。

4.不得以"讲课费""评审费""咨询费"等名义变相取得兼职报酬。党员干部（含公务员）经批准的兼职一律不得取得报酬，如果以"讲课费""评审费""咨询费"等名义变相取得兼职报酬，违反《中国共产党纪律处分条例》（2018年8月）第九十四条（党员干部），"违反有关规定在经济组织、社会组织等单位中兼职，或者经批准兼职但获取薪酬、奖金、津贴等额外利益"的规定。

5.频次过高已影响正常工作。公务员外出讲课、咨询、评审等频次过高，在一定程度上会影响正常工作，这种做法不符合《中华人民共和国公务员法》（2018年12月）第十四条，"公务员应当履行下列义务：……（四）忠于职守，勤勉尽责……努力提高工作质量和效率"的规定。

（四）值得关注的情况。有的公务员出京讲课、评审、咨询等，不仅领取了报酬，出京的费用还在本单位按差旅费报销、领取出差补贴，这种情况值得关注。以"讲课费"为例，《中央和国家机关培训费管理办法》（财行〔2016〕540号）第十条规定，"……（二）授课老师的城市间交通费按照中央和国家机关差旅费有关规定和标准执行，住宿费、伙食费按照本办法标准执行，原则上由培训举办单位承担"。

第七章　办公用房

◎ 《中国共产党纪律处分条例》（2018 年 8 月）

第一百零九条　违反办公用房管理等规定，有下列行为之一，对直接责任者和领导责任者，情节较重的，给予警告或者严重警告处分；情节严重的，给予撤销党内职务处分：

（一）决定或者批准兴建、装修办公楼、培训中心等楼堂馆所的；

（二）超标准配备、使用办公用房的；

（三）用公款包租、占用客房或者其他场所供个人使用的。

◎ 2012 年以来涉及"办公用房"的重要制度政策

1.《关于党政机关停止新建楼堂馆所和清理办公用房的通知》（2013 年 7 月）

2.《党政机关厉行节约反对浪费条例》（2013 年 11 月）

3.《党政机关办公用房管理办法》（2017 年 12 月）

4.《机关事务管理条例》（国务院令第 621 号）

5.《机关团体建设楼堂馆所管理条例》(国务院令第 688 号)

6.《党政机关办公用房建设标准》(发改投资〔2014〕2674 号)

7.《全国性行业协会商会脱钩改革有关行政办公用房管理办法（试行）》(国管房地〔2015〕398 号)

8.《关于进一步做好全国性行业协会商会脱钩改革有关行政办公用房管理工作的通知》(国管房地〔2016〕277 号)

第一节　管理红线和标准

规矩 7—1 《关于党政机关停止新建楼堂馆所和清理办公用房的通知》

（一）财务管理应关注的"不得""禁止"等红线及"罚则"

1.全面停止新建党政机关楼堂馆所。自本通知印发之日起，5 年内，各级党政机关一律不得以任何形式和理由新建楼堂馆所。（一）停止新建、扩建楼堂馆所。严禁以任何理由新建楼堂馆所，严禁以危房改造等名义改扩建楼堂馆所，严禁以建技术业务用房名义搭车新建楼堂馆所，严禁改变技术业务用房的用途。（二）停止迁建、购置楼堂馆所。严禁以城市改造、城市规划等理由在他处重新建设楼堂馆所，严禁以任何理由购置楼堂馆所。（三）严禁以"学院""中心"等名义建设楼堂馆所。严禁接受任何形式的赞助建设和捐赠建设，严禁借企业名义搞任何形式的合作建设、集资建设或专项建设。（四）已批准但尚未开工建设的楼堂馆所项目，一律停建。

2.严格控制办公用房维修改造项目。办公用房……严禁豪华装修。……党政机关办公用房维修改造项目所需投资，统一纳入预算安排财政资金解决，未经审批的项目，不得安排预算。各级党政机关不得以任何理由安排财政资金用于包括培训中心在内的各类具有住宿、会议、餐饮等接待功能的设施或场所的维修改造。

3.全面清理党政机关和领导干部办公用房。各级党政机关……（三）……严禁以租用过渡性用房名义变相购建使用办公用房。（四）除在立项批复中明确事业单位和行政机关办公用房一并建设外，所属其他企事业单位一律不得占用行政机关办公用房，已占用的，原则上应予以清理并腾退。……（六）各级党政机关领导干部……在不同部门同时任职的，应在主要工作部门安排一处办公用房，其他任职部门不再安排办公用房；领导干部工作调动的，由调入部门安排办公用房，原单位的办公用房不再保留；领导干部在人大或政协任职，人大或政协已安排办公用房的，原单位的办公用房不再保留，人大或政协没有安排办公用房的，由原单位根据本人承担工作的实际情况，安排适当的办公用房；领导干部在协会等单位任职的，由协会等单位根据工作需要安排办公用房，原单位的办公用房不再保留；领导干部已办理离退休手续的，原单位的办公用房应及时腾退。

（二）名词解释

1.党政机关楼堂馆所：包括使用财政性资金建设的党政机关办公用房、培训中心，以及以"学院""中心"等名义兴建的具有住宿、会议、餐饮等接待功能的设施或场所。

2.领导干部：指省部级以下（含省部级）各级党政领导干部。

（三）适用范围

1.适用于党的机关、人大机关、行政机关、政协机关、审判机关、检察机关；

2.适用于各级党政机关派出机构、直属事业单位；

3.适用于工会、共青团、妇联等人民团体；

4.国有及国有控股企业参照执行；

5.党政机关使用非财政性资金建设的楼堂馆所，参照执行。

规矩 7—2 《党政机关厉行节约反对浪费条例》

（一）财务管理应关注的"不得""禁止"等红线及"罚则"

第三十五条　党政机关……严禁出租出借办公用房，已经出租出借的，到期必须收回……

第三十六条　党政机关……不得以未使用政府预算建设资金、资产整合等名义规避审批。

第三十七条 ……党政机关办公楼不得追求成为城市地标建筑，严禁配套建设大型广场、公园等设施。

第三十八条 党政机关办公用房建设……土地收益和资产转让收益应当按照有关规定实行收支两条线管理，不得直接用于办公用房建设。党政机关办公用房维修改造项目所需投资，统一列入预算由财政资金安排解决，未经审批的项目不得安排预算。

第四十条 ……因机构增设、职能调整确需增加办公用房的……不得以变相补偿方式租用由企业等单位提供的办公用房。

第四十一条 ……领导干部不得长期租用宾馆、酒店房间作为办公用房……

第五十八条 有下列情形之一的，追究相关人员的责任：（一）未经审批列支财政性资金的；（二）采取弄虚作假等手段违规取得审批的；（三）违反审批要求擅自变通执行的；（四）违反管理规定超标准或者以虚假事项开支的；（五）利用职务便利假公济私的；（六）有其他违反审批、管理、监督规定行为的。

第五十九条 有下列情形之一的，追究主要负责人或者有关领导干部的责任：（一）本地区、本部门、本单位铺张浪费、奢侈奢华问题严重，对发现的问题查处不力，干部群众反映强烈的；（二）指使、纵容下属单位或者人员违反本条例规定造成浪费的；（三）不履行内部审批、管理、监督职责造成浪费的；（四）不按规定及时公开本地区、本部门、本单位有关厉行节约反对浪费工作信息的；（五）其他对铺张浪费问题负有领导责任的。

第六十条　违反本条例规定造成浪费的，根据情节轻重，由有关部门依照职责权限给予批评教育、责令作出检查、诫勉谈话、通报批评或者调离岗位、责令辞职、免职、降职等处理。应当追究党纪政纪责任的，依照《中国共产党纪律处分条例》《行政机关公务员处分条例》等有关规定给予相应的党纪政纪处分。涉嫌违法犯罪的，依法追究法律责任。

第六十一条　违反本条例规定获得的经济利益，应当予以收缴或者纠正。违反本条例规定，用公款支付、报销应由个人支付的费用，应当责令退赔。

（二）适用范围

1.适用于党的机关、人大机关、行政机关、政协机关、审判机关、检察机关；

2.适用于工会、共青团、妇联等人民团体；

3.适用于参照公务员法管理的事业单位；

4.国有企业、国有金融企业、不参照公务员法管理的事业单位参照执行。

规矩 7—3 《党政机关办公用房管理办法》

（一）财务管理应关注的"不得""禁止"等红线及"罚则"

第十三条　……置换旧房的……不得以置换名义量身打造

办公用房，不得以未使用政府预算建设资金、资产整合等名义规避审批。

第十四条 ……需租用办公用房的……任何单位不得以变相补偿方式租用由企业等单位提供的办公用房。

第十六条 党政机关办公用房配置所需资金，应当通过政府预算安排，不得接受任何形式赞助或者捐款，不得搞任何形式集资或者摊派，不得向其他任何单位借款，不得让施工单位垫资，严禁挪用各类专项资金。土地收益和资产转让收益按照非税收入有关规定管理，不得直接用于办公用房配置……

第十七条 新配置办公用房的党政机关，应当在搬入新办公用房后 1 个月内，将超出核定面积的原有办公用房腾退移交同级机关事务管理部门统一调剂使用，不得继续占用或者自行处置，不得自行安排其他单位使用。

第十八条 ……办公用房分配使用凭证可以按照有关规定用于办理使用单位法人登记、集体户籍、大中修项目施工许可等，不得用于出租、出借、经营。

第十九条 使用单位应当严格按照有关规定在核定面积内合理安排使用办公用房，不得擅自改变办公用房使用功能，不得调整给其他单位使用……严禁超标准配备、使用办公用房。

第二十一条 ……生产经营类事业单位、国有企业和行业协会商会等社团组织，原则上不得占用党政机关办公用房。

第二十七条 ……办公用房大中修项目应当严格按照规定

履行审批程序，未经审批的项目，不得安排预算……

第三十条 ……使用单位不得擅自出租办公用房。

第三十六条 党政机关本级的技术业务用房以及机关办公区内的技术业务用房……原则上不得调整用作办公用房。

第三十五条 建立健全党政机关办公用房管理责任追究制度，对有令不行、有禁不止的，依照有关规定严肃追究相关人员责任。

管理部门有下列情形之一的，依纪依法追究相关人员责任：（一）违规审批项目或者安排投资计划、预算的；（二）不按照规定履行调剂、置换、租用、建设等审批程序的；（三）为使用单位超标准配置办公用房的；（四）不按照规定处置办公用房的；（五）办公用房管理信息统计报送中瞒报、漏报的；（六）对发现的违规问题不及时处理的；（七）有其他违反办公用房管理规定情形的。

使用单位有下列情形之一的，依纪依法追究相关人员责任：（一）擅自将办公用房权属登记至本单位或者所属单位名下，或者不配合办理权属登记的；（二）未经批准建设或者大中修办公用房的；（三）不按规定腾退移交办公用房的；（四）未经批准租用、借用办公用房的；（五）擅自改变办公用房使用功能或者处置办公用房的；（六）擅自安排企事业单位、社会组织等使用机关办公用房的；（七）为工作人员超标准配备办公用房，或者未经批准配备两处以上办公用房的；（八）有其他违反办公用房管理规定情形的。

（二）名词解释

1.办公用房：指党政机关占有、使用或者可以确认属于机关资产的，为保障党政机关正常运行需要设置的基本工作场所，包括办公室、服务用房、设备用房和附属用房。

2.党政机关：指党的机关、人大机关、行政机关、政协机关、监察机关、审判机关、检察机关，以及工会、共青团、妇联等人民团体和参照公务员法管理的事业单位。

（三）适用范围

1.适用于各级党的机关、人大机关、行政机关、政协机关、监察机关、审判机关、检察机关办公用房的规划、权属、配置、使用、维修、处置等管理工作；

2.适用于工会、共青团、妇联等人民团体办公用房的规划、权属、配置、使用、维修、处置等管理工作；

3.适用于参照公务员法管理的事业单位办公用房的规划、权属、配置、使用、维修、处置等管理工作；

4.适用于各民主党派机关办公用房管理；

5.不参照公务员法管理的事业单位办公用房管理办法，另行制定。

规矩 7—4 《机关事务管理条例》

（一）财务管理应关注的"不得""禁止"等红线及"罚则"

第十四条 ……政府各部门应当采购经济适用的货物，不

266

得采购奢侈品、超标准的服务或者购建豪华办公用房。

第二十三条　政府各部门不得出租、出借办公用房或者改变办公用房使用功能；未经本级人民政府批准，不得租用办公用房。

第三十二条　违反本条例规定，有下列情形之一的，由上级机关责令改正，并由任免机关或者监察机关对责任人员给予警告处分；情节较重的，给予记过或者记大过处分；情节严重的，给予降级或者撤职处分：……（二）采购奢侈品、超标准的服务或者购建豪华办公用房的；（三）出租、出借办公用房，改变办公用房使用功能，或者擅自租用办公用房的；……

（二）适用范围

1. 适用于各级人民政府及其部门；

2. 其他国家机关和有关人民团体参照执行。

规矩　7—5　《机关团体建设楼堂馆所管理条例》

（一）财务管理应关注的"不得""禁止"等红线及"罚则"

第三条　……未经批准，不得建设办公用房。禁止以技术业务用房等名义建设办公用房或者违反规定在技术业务用房中设置办公用房。

第五条　机关、团体不得建设培训中心等各类具有住宿、会议、餐饮等接待功能的场所和设施。

第九条　办公用房项目有下列情形之一的，审批机关不得批准：（一）属于禁止建设办公用房的情形；（二）建设的必要性不充分；（三）建设资金来源不符合规定；（四）建设内容、建设规模等不符合建设标准；（五）其他不得批准的情形。

第十条　对未经批准的办公用房项目，不得办理规划、用地、施工等相关手续，不得安排预算、拨付资金。

第十三条　……办公用房项目的建设资金来源不得有下列情形：（一）挪用各类专项资金；（二）向单位、个人摊派；（三）向银行等金融机构借款；（四）接受赞助或者捐赠；（五）其他违反规定的情形。

第二十八条　机关、人民团体、财政给予经费保障的事业单位和其他团体维修办公用房……禁止进行超标准装修或者配置超标准的设施。

第二十一条　机关、团体有下列情形之一的，根据具体情况责令停止相关建设活动或者改正，对所涉楼堂馆所予以收缴、拍卖或者责令限期腾退，对负有责任的领导人员和直接责任人员依法给予处分：（一）建设培训中心等各类具有住宿、会议、餐饮等接待功能的场所和设施；（二）未经批准建设办公用房；（三）以技术业务用房等名义建设办公用房，或者违反规定在技术业务用房中设置办公用房；（四）擅自改变建设内容、扩大建设规模，或者擅自增加投资概算；（五）办公用房项目建设资金来源不符合规定。

第二十二条　有下列情形之一的，责令改正，对负有责任的领导人员和直接责任人员依法给予处分：（一）超越审批权限审批办公用房项目；（二）对不符合规定的办公用房项目予以批准；（三）对未经批准的办公用房项目办理规划、用地、施工等相关手续，或者安排预算、拨付资金；（四）其他滥用职权、玩忽职守、徇私舞弊的情形。

第二十三条　建设单位未按照规定将办公用房项目审批和实施过程中的有关文件、资料存档备查，或者转移、隐匿、篡改、毁弃有关文件、资料的，责令改正，对负有责任的领导人员和直接责任人员依法给予处分。

第二十四条　本条例第二十一条至第二十三条规定的处分，由监察机关或者其他有关机关按照管理权限实施，其他处理措施由审批机关实施。

第二十五条　违反本条例规定，构成犯罪的，依法追究刑事责任。

（二）名词解释

1.团体：指工会、共青团、妇联等人民团体。

2.建设：指新建、扩建、改建、购置。

3.楼堂馆所：指办公用房以及培训中心等各类具有住宿、会议、餐饮等接待功能的场所和设施。

（三）适用范围

1.适用于机关、团体建设楼堂馆所；

2.财政给予经费保障的事业单位和人民团体以外的其他团

体建设楼堂馆所参照适用；

3.财政给予经费补助的事业单位和人民团体以外的其他团体建设、维修楼堂馆所的管理办法，由国务院发展改革部门会同国务院财政部门、住房城乡建设部门等有关部门以及有关机关事务管理部门按照确有必要、严格控制的原则制定；

4.国有企业建设、维修楼堂馆所的管理办法，由国务院发展改革部门会同国务院国有资产监督管理机构、财政部门、住房城乡建设部门等有关部门，按照前款规定的原则制定；

5.军队单位建设、维修楼堂馆所，按照军队的有关规定执行。

规矩 7—6 《党政机关办公用房建设标准》

（一）财务管理应关注的"不得""禁止"等红线及"罚则"

第五条　党政机关办公用房建设……严禁超标准占地、低效利用土地，不得占用耕地，新建项目不得配套建设大型广场、公园等设施。

第六条　党政机关办公用房建设……不得定位为城市标志性建筑。外立面不得搞豪华装修，内装修应简洁朴素。

第七条　……严禁超规模、超标准、超投资建设党政机关办公用房。

第二十二条　党政机关办公用房建设用地不得用于建造与办公无关的居住或商用建筑等，不得占用风景名胜资源。

第二十五条　党政机关办公用房建设……绿化植被应采用

本土植被，不得移栽大树、古树……

第二十六条 党政机关办公用房不宜建造一、二层的低层建筑，也不应建造超高层、超大体量建筑。

第三十条 党政机关办公用房不得在办公区域内建设阶梯式和有舞台灯光音响、舞台机械、同声传译的会堂、报告厅、大型会议室。建筑物内不宜设置阳光房、采光中厅、室内花园、景观走廊等超出办公用房功能的其他空间或房间。

第三十三条 ……办公用房的办公区域不应设置自动扶梯。

第四十二条 采暖地区一般工作人员办公室不应做装饰性暖气罩。

第四十四条 党政机关办公用房……外墙面不宜大面积采用玻璃幕墙，主入口不应使用铜质门、豪华旋转门。

第五十条 党政机关办公用房不得采用冲洗水量大于9升的便器及水箱……

（二）标准定额

第九条 党政机关办公用房根据单位级别和性质分为五类（见表7—1）。

表7—1 党政机关办公用房类别划分

类别	适用对象
中央机关	中央部（委）级党的机关、人大机关、行政机关、政协机关、审判机关、检察机关，工会、共青团、妇联等人民团体机关，以及各机关派出机构和直属事业单位

类别	适用对象
省级机关	省（自治区、直辖市）级党的机关、人大机关、行政机关、政协机关、审判机关、检察机关，工会、共青团、妇联等人民团体机关，以及各机关的组成机构、直属机构、派出机构和直属事业单位
市级机关	市(地、州、盟)级党的机关、人大机关、行政机关、政协机关、审判机关、检察机关，工会、共青团、妇联等人民团体机关，以及各机关的组成机构、直属机构、派出机构和直属事业单位
县级机关	县（市、旗）级党的机关、人大机关、行政机关、政协机关、审判机关、检察机关，工会、共青团、妇联等人民团体机关，以及各机关的组成机构、直属机构、派出机构和直属事业单位
乡级机关	乡（镇、苏木）级党的机关、人大机关、行政机关及其他机关

资料来源：引自《党政机关办公用房建设标准》（发改投资〔2014〕2674号）。

第十条　党政机关办公用房由基本办公用房（办公室、服务用房、设备用房）、附属用房两部分组成（见表7—2）。

表7—2　党政机关办公用房功能分类

办公用房		包括内容
基本办公用房	办公室	包括领导人员办公室和一般工作人员办公室
	服务用房	包括会议室、接待室、档案室、图书资料室、机关信息网络用房、机要保密室、文印室、收发室、医务室、值班室、储藏室、物业及工勤人员用房、开水间、卫生间等
	设备用房	包括变配电室、水泵房、水箱间、中水处理间、锅炉房（或热力交换站）、空调机房、通信机房、电梯机房、建筑智能化系统设备用房等
附属用房		包括食堂、停车库（汽车库，自行车库，电动车、摩托车库）、警卫用房、人防设施等

注：领导人员是指独立法人单位的领导班子成员。

资料来源：引自《党政机关办公用房建设标准》（发改投资〔2014〕2674号）。

第十一条 各级工作人员办公室使用面积不应超过表7—3规定。

表7—3 党政机关各级工作人员办公室使用面积

类别	适用对象	使用面积 （平方米／人）	备注
中央 机关	部级正职	54	注：1.副省级城市、副部级单位副职办公室面积指标按不超过省（部）级副职标准执行，其组成部门的正、副局（司）级人员办公室面积指标按不超过省级机关或中央机关相应的正、副厅（局、司）级标准执行。副市（厅）、副县（处）级单位以此类推。 2.中央机关司（局）级派出机构、事业单位按省级机关厅（局）级单位标准执行，处级派出机构、事业单位按市级机关局（处）级单位标准执行；省级机关处级直属机构、派出机构、事业单位按市级机关局（处）级单位标准执行，科级派出机构、事业单位按县级机关科级单位标准执行。其他以此类推。 3.各级党政机关领导人员办公室可在上列规定的办公室使用面积范围内配备休息室。 4.省部级领导人员、省（自治区、直辖市）所属厅（局）正职和市（地、州、盟）、县（市、区、旗）党政正职办公室可在上列规定的办公室使用面积范围内配备不超过6平方米的卫生间。
	部级副职	42	
	正司（局）级	24	
	副司（局）级	18	
	处级	12	
	处级以下	9	
省级 机关	省级正职	54	
	省级副职	42	
	正厅（局）级	30	
	副厅（局）级	24	
	正处级	18	
	副处级	12	
	处级以下	9	
市级 机关	市级正职	42	
	市级副职	30	
	正局（处）级	24	
	副局（处）级	18	
	局（处）及以下	9	
县级 机关	县级正职	30	
	县级副职	24	
	正科级	18	
	副科级	12	
	科级以下	9	
县级 机关	乡级正职	由省级人民政府按照中央规定和精神自行做出规定，原则上不得超过县级副职。	
	乡级副职		
	乡级以下		

资料来源：引自《党政机关办公用房建设标准》（发改投资〔2014〕2674号）。

第十二条 服务用房使用面积不应超过表7—4规定。

表7—4 党政机关服务用房编制定员人均使用面积

类别	使用面积 （平方米／人）	计算方法
中央机关、 省级机关	7—9	200人及以下取上限，400人及以上取下限， 中间值用公式（1100−x）/100计算确定
市级机关	6—8	200人及以下取上限，400人及以上取下限， 中间值用公式（1000−x）/100计算确定
县级机关	6—8	100人及以下取上限，200人及以上取下限， 中间值用公式（500−x）/50计算确定
乡级机关	由省级人民政府按照中央规定和精神自行做出规定，原则 上不得超过县级机关	

注：表中x为编制定员。

资料来源：引自《党政机关办公用房建设标准》（发改投资〔2014〕2674号）。

第十三条 设备用房使用面积应根据地理位置、建设规模以及相关设备需求确定，宜按办公室和服务用房使用面积之和的9%测算。

第十四条 党政机关办公用房应合理确定门厅、走廊、电梯厅等面积，提高使用面积系数。基本办公用房建筑总使用面积系数，多层建筑不应低于65%，高层建筑不应低于60%。

第十五条 附属用房建筑面积，不应超过下列规定：

1.食堂：食堂餐厅及厨房建筑面积按编制定员计算，编制定员100人及以下的，人均建筑面积为3.7平方米；编制定员超过100人的，超出人员的人均建筑面积为2.6平方米。

2.停车库：总停车位数应满足城乡规划建设要求，汽车库建筑面积指标为40平方米／辆，超出200个车位以上部分为38平

方米 / 辆，可设置新能源汽车充电桩；自行车库建筑面积指标为 1.8 平方米 / 辆；电动车、摩托车库建筑面积指标为 2.5 平方米 / 辆。

3. 警卫用房：宜按警卫编制定员及武警营房建筑面积标准计算，人均建筑面积为 25 平方米。

4. 人防设施：应按国家人防部门规定的设防范围和标准计列建筑面积，本着平战结合、充分利用的原则，在平时可以兼作地下车库、物品仓库等。

第十六条　党政机关办公用房总建筑面积可按下式计算得出：$S=[A+B+(A+B)\times9\%]/K+C$。式中：S——总建筑面积；A——各级工作人员办公室总使用面积；B——服务用房总使用面积；K——基本办公用房建筑总使用面积系数；C——附属用房总建筑面积。

第二十三条　党政机关办公用房的建筑容积率不应小于表7—5 的规定，并应满足所在地城乡规划与建设的相关控制要求。

表 7—5　党政机关办公用房建筑容积率指标

类别	容积率
中央机关	2.0
省级机关	2.0
市级机关	1.2
县级机关	1.0
乡级机关	由省级人民政府按照中央规定和精神自行做出规定

资料来源：引自《党政机关办公用房建设标准》（发改投资〔2014〕2674 号）。

第二十四条　党政机关办公用房总停车位数应满足当地

城乡规划建设要求，地面停车场面积指标为：汽车25平方米／辆，自行车1.2平方米／辆，电动车、摩托车1.8平方米／辆。

第二十五条　党政机关办公用房建设用地的绿地率不宜低于30%，并应满足当地城乡规划和建设有关绿地的控制要求……。

第二十七条　党政机关基本办公用房建筑面积小于(等于)表7—6的规定时，不宜单独建设。

表7—6　党政机关基本办公用房建筑面积控制指标

类别	建筑面积(平方米)
中央机关	6000
省级机关	6000
市级机关	4000
县级机关	2000
乡级机关	——

资料来源：引自《党政机关办公用房建设标准》(发改投资〔2014〕2674号)。

第二十八条　党政机关办公用房标准层每层建筑面积不应低于表7—7的规定。

表7—7　党政机关办公用房标准层建筑面积

分类	建筑面积（平方米）
四层及以下办公用房	600
五层及以上多层办公用房	1000
高层办公用房	1200

资料来源：引自《党政机关办公用房建设标准》(发改投资〔2014〕2674号)。

第二十九条　党政机关办公用房入口门厅高度不应超过两

层，门厅的使用面积不应超过表 7—8 的规定。

表 7—8　党政机关办公用房入口门厅的使用面积指标

类别	使用面积（平方米）
中央机关	300
省级机关	300
市级机关	240
县级机关	120
乡级机关	由省级人民政府按照中央规定和精神自行做出规定，原则上不得超过县级机关

资料来源：引自《党政机关办公用房建设标准》（发改投资〔2014〕2674 号）。

第三十一条　党政机关办公用房标准层的层高应根据办公室净高要求、结构形式及设施情况确定，不得超越净高规定或结构及设施的合理技术条件加大层高。办公室的净高应符合下列规定：1.有集中空调设施并有吊顶的标准单间办公室宜为2.5—2.7 米；2.无集中空调设施的标准单间办公室宜为2.6—2.8米；3.有集中空调设施并有吊顶的大空间办公室宜为2.6—2.8米；4.无集中空调设施的大空间办公室宜为2.8—3.0 米。

第三十二条　党政机关办公用房标准层的走道净宽应符合下列规定：1.走道长度≤40 米时，单面布房的走道净宽不宜小于1.5 米且不宜大于1.8 米，双面布房的走道净宽不宜小于1.8 米且不宜大于2.1 米。2.走道长度＞40 米时，单面布房的走道净宽不宜小于1.5 米且不宜大于2.1 米，双面布房的走道净宽不宜小于1.8 米且不宜大于2.5 米。

第三十九条 党政机关办公用房装修标准可分为基本装修、中级装修、中高级装修三类，并宜符合表7—9的规定。

表7—9 党政机关办公用房装修标准

分类	装修要求
基本装修	选用建筑所在地区经济型普通装修材料或构配件。楼地面可选用普通PVC地材、地砖、水泥砂浆等；墙、柱面选用普通涂料；天棚刷普通涂料或普通饰面板吊顶；门采用普通复合木门
中级装修	选用建筑所在地区中等价位的装修材料或构配件。楼地面可选用中档复合木地板、PVC地材、石材、地砖等；墙、柱面可选用中档饰面板、涂料或壁纸；天棚可做中档饰面板吊顶；门采用中档复合木门或玻璃门
中高级装修	选用建筑所在地区中等价位、局部选用中高价位的装修材料或构配件。楼地面可选用中高档石材、木材、普通化纤地毯；墙、柱面可选用中档饰面板或涂料；天棚可做中高档饰面板吊顶；门采用中高档复合木门或玻璃门

注：同等档次室内装修材料，提倡采用新型环保节能材料。

资料来源：引自《党政机关办公用房建设标准》（发改投资〔2014〕2674号）。

第四十条 党政机关办公用房建筑装修应符合表7—10的规定。

表7—10 党政机关办公用房装修选用标准

房间或部位类别		中央机关省级机关	市级机关	县级机关	乡级机关
办公室	一般工作人办公室	基本	基本	基本	基本
	领导人员办公室	中高级	中级	中级或基本	基本
服务用房	会议室、接待室	中高级或中级	中级	中级或基本	基本
	其他用房	基本	基本	基本	基本

房间或部位类别	中央机关 省级机关	市级 机关	县级 机关	乡级 机关
设备用房	基本	基本	基本	基本
附属用房	基本	基本	基本	基本
主入口门厅及电梯厅	中高级	中级	中级或基本	基本

资料来源：引自《党政机关办公用房建设标准》（发改投资〔2014〕2674号）。

第四十五条 党政机关办公用房装修工程造价包括：室内装修工程、室外装修工程造价。装修工程造价占建筑安装工程费用的比例，不宜超过表7—11的规定。

表7—11 党政机关办公用房装修工程造价占建筑安装工程费用的比例

类别	比例（%）
中央机关	35
省级机关	35
市级机关	35
县级机关	30
乡级机关	25

资料来源：引自《党政机关办公用房建设标准》（发改投资〔2014〕2674号）。

第四十六条 党政机关办公用房室内环境应符合公共建筑节能设计标准的规定。其中，办公室冬季采暖设定温度不应高于20℃，夏季制冷设定温度不应低于26℃。

第四十七条 党政机关办公用房的一个主立面朝向外窗的窗墙比不应大于0.6，其余朝向外窗的窗墙比不应大于0.4，并满足自然采光的要求。

第五十一条 各类用房或部位的照度标准值应符合表7—

12 的规定。

表 7—12　党政机关办公用房照度标准值

房间或部位	照度标准值（lx 勒克斯）
办公室、会议室、接待室、文印室、门厅等	300
档案室、资料室等	200

资料来源：引自《党政机关办公用房建设标准》（发改投资〔2014〕2674 号）。

第五十五条　党政机关办公用房信息设施系统宜包括用户电话交换系统、信息网络系统、综合布线系统、有线电视系统、广播系统、会议系统等。系统配置标准宜符合表 7—13 的规定。

表 7—13　党政机关办公用房信息设施系统配置标准

信息设施系统	中央机关、省级机关	市级机关	县级机关	乡级机关
用户电话交换系统	●	●	●	○
信息网络系统	●	●	●	●
综合布线系统	●	●	●	●
有线电视系统	●	●	●	●
广播系统	●	●	○	○
会议系统	●	●	●	○

注：●表示可配置；○表示不宜配置。
资料来源：引自《党政机关办公用房建设标准》（发改投资〔2014〕2674 号）。

第五十六条　党政机关办公用房信息化应用系统宜包括办公业务系统、物业运营管理系统、智能卡应用系统、信息安全管理系统等。系统配置标准宜符合表 7—14 的规定。

表 7—14 党政机关办公用房信息化应用系统配置标准

信息化应用系统	中央机关、省级机关	市级机关	县级机关	乡级机关
办公业务系统	●	●	●	○
物业运营管理系统	●	●	○	○
智能卡应用系统	●	●	○	○
信息安全管理系统	●	●	●	○

注：●表示可配置；○表示不宜配置。

资料来源：引自《党政机关办公用房建设标准》（发改投资〔2014〕2674号）。

第五十七条 党政机关办公用房公共安全系统宜包括火灾自动报警系统、安全技术防范系统及与政府职能相关的应急响应系统等。办公用房内（或部分区域）对安全技术防范具有其他特殊要求的范围，应实施符合特殊安全技术防范管理规定所要求的安全技术措施。系统配置标准宜符合表 7—15 的规定。

表 7—15 党政机关办公用房公共安全系统配置标准

公共安全系统		中央机关、省级机关	市级机关	县级机关	乡级机关
火灾自动报警系统		按国家现行有关标准进行配置			
安全技术防范系统	安全防范综合管理系统	●	●	○	○
	入侵（周界）报警系统	●	●	●	●
	视频安防监控系统	●	●	●	●

公共安全系统		中央机关、省级机关	市级机关	县级机关	乡级机关
安全技术防范系统	出入口控制系统	●	●	●	○
	电子巡查管理系统	●	●	○	○
应急响应系统		应纳入国家各级行政区域应急体系			

注：●表示可配置；○表示不宜配置。

资料来源：引自《党政机关办公用房建设标准》（发改投资〔2014〕2674号）。

（三）适用范围

1.适用于全国乡（镇、苏木）级及以上党的机关、人大机关、行政机关、政协机关、审判机关、检察机关办公用房的新建（或购置）、改建和扩建工程；

2.适用于工会、共青团、妇联等人民团体机关办公用房的新建（或购置）、改建和扩建工程；

3.适用于各级机关组成机构、直属机构、派出机构和直属事业单位办公用房的新建（或购置）、改建和扩建工程；

4.配备、租用办公用房参照执行。

规矩 7—7 《全国性行业协会商会脱钩改革有关行政办公用房管理办法（试行）》

（一）财务管理应关注的"不得""禁止"等红线及"罚则"

第八条　全国性行业协会商会使用的行政办公用房，未经机关事务管理部门或国有资产管理部门审批，不得变更资产性质和产权归属。行业协会商会不得出租（出借）其占有、使用的行政办公用房。

（二）适用范围

1.文件主送：中央和国家机关各部门、各单位；

2.适用于中央和国家机关各部门主办、主管、联系和挂靠的，纳入行业协会商会与行政机关脱钩改革的全国性行业协会商会使用的由财政性资金形成的，或者通过接收、划拨等方式获得的行政办公用房及其相应的土地；

3.全国性行业协会商会完全利用自有资金建设、购置的办公用房或租用的社会房屋，暂不适用本办法；

4.国务院机构改革撤销原国家局成立的 10 个综合性行业协会（中国商业联合会、中国物流与采购联合会、中国煤炭工业协会、中国机械工业联合会、中国钢铁工业协会、中国石油和化学工业联合会、中国轻工业联合会、中国纺织工业联合会、中国建筑材料联合会、中国有色金属工业协会）使用的行政办公用房，原则上适用本办法规定，具体管理办法由国资委会同有关部门另行制定。10 个综合性行业协会受委托代管的专业性行业协会统一执行本办法规定。

规矩 7—8 《关于进一步做好全国性行业协会商会脱钩改革有关行政办公用房管理工作的通知》

（一）定额标准

行业协会商会占用行政办公用房核定面积包括办公室和服务用房面积，设备用房和附属用房面积不予核定。办公室面积核定原则：行业协会商会会领导中，有行政职级的人员可按照职级（或离退休前原职级）对照《党政机关办公用房建设标准》（发改投资〔2014〕2674号）进行核定；无行政职级的会领导和其他工作人员根据内设机构和职务层级情况，参照《党政机关办公用房建设标准》（发改投资〔2014〕2674号）进行核定。

表7—16　全国性行业协会商会占用行政办公用房核定标准

协会层级	参照标准	正/副职标准面积（平方米）
会领导（有行政职级的）	自身职级	
会领导（无行政职级的）	司局级	24/18
一级机构领导	处级	12
二级（含以下）机构领导及其他人员	处级以下	9
1.服务用房面积核定原则：以社会团体年度检查在册总人数为基础，按照《党政机关办公用房建设标准》（发改投资〔2014〕2674号）规定的9平方米/人进行核定。		
2.办公用房核定面积是"限制线"，不是"达标线"。核定面积后，超出面积必须清退；少于核定面积的，不得再予安排。		

资料来源：引自《关于进一步做好全国性行业协会商会脱钩改革有关行政办公用房管理工作的通知》（国管房地〔2016〕277号）。

（二）适用范围

与《全国性行业协会商会脱钩改革有关行政办公用房管理办法（试行）》（国管房地〔2015〕398号）一致。

第二节　案例分析

案例 7—1　办公用房出租收入不上缴

（一）基本事实

1. 截至2018年底，×× 部门本级未经批准将行政办公用房5000平方米由所属 ×× 单位举办的 ×× 企业无偿使用；

2. 2018年，×× 部门所属 ×× 单位出租行政办公用房，出租收入未及时上缴国库，涉及资金60万元；

3. 2018年，×× 部门本级未履行审批手续的前提下，将1100.78平方米行政办公用房长期出借给所属 ×× 单位使用；

4. 2017年，×× 部门本级出租行政房产，出租收入未按规定及时上缴国库，涉及资金680.83万元。

（二）定性适用政策

1.《关于党政机关停止新建楼堂馆所和清理办公用房的通知》（2013年7月），"（三）已经出租、出借的办公用房到期应予收回，租赁合同未到期的，租金收入严格按照收支两条线规定管理，到期后不得续租……"。

2.《党政机关厉行节约反对浪费条例》（2013 年 11 月）第三十五条，"党政机关办公用房应当严格管理……严禁出租出借办公用房，已经出租出借的，到期必须收回；租赁合同未到期的，租金收入应当按照收支两条线管理"。

3.《党政机关办公用房管理办法》（2017 年 12 月）第十九条，"使用单位应当严格按照有关规定在核定面积内合理安排使用办公用房，不得擅自改变办公用房使用功能，不得调整给其他单位使用……"；第二十一条，"……公益一类事业单位已经占用的机关办公用房，按照面积标准核定后可以继续无偿使用。公益二类事业单位已经占用的机关办公用房，应当按照规定予以腾退；确有困难的，经机关事务管理部门批准，可以继续有偿使用，租金收益按照非税收入有关规定管理。事业单位已经新建、购置办公用房或者租用其他房屋办公的，应当在 6 个月内将原有办公用房腾退移交机关事务管理部门。生产经营类事业单位、国有企业和行业协会商会等社团组织，原则上不得占用党政机关办公用房"。

4.《机关事务管理条例》（国务院令第 621 号）第二十三条，"政府各部门不得出租、出借办公用房或者改变办公用房使用功能；……"。

5.《行政单位国有资产管理暂行办法》（财政部令第 35 号）第二十四条，"行政单位拟将占有、使用的国有资产对外出租、出借的，必须事先上报同级财政部门审核批准。未经批准，不得对外出租、出借……"；第二十五条，"行政单位出租、出借的国有资产，其所有权性质不变，仍归国家所有；所形成的收入，按照政府非税收入管理的规定，实行'收支两条线'管理"。

6.《政府非税收入管理办法》（财税〔2016〕33 号）第三条，"……（非税收入）具体包括：（一）行政事业性收费收入；……（四）国有资源（资产）有偿使用收入；……"；第二十七条，"非税收入应当依照法律、法规规定或者按照管理权限确定收入归属和缴库要求，缴入相应次级国库"。

7.《关于进一步加强和改进行政事业单位国有资产管理工作的通知》（财资〔2018〕108 号），"要严格执行资产出租出借和对外投资管理的规定，履行相应的报批程序。严禁违规出租出借办公用房。……行政单位资产出租出借收入，要按照政府非税收入管理和国库集中收缴制度的有关规定，在扣除相关税费后及时上缴国库，实行'收支两条线'管理"。

（三）处理处罚和处分适用政策

1.《党政机关办公用房管理办法》（2017 年 12 月）第三十五条，"建立健全党政机关办公用房管理责任追究制度，对有令不行、有禁不止的，依照有关规定严肃追究相关人员责任。……使用单位有下列情形之一的，依纪依法追究相关人员责任：……（六）擅自安排企事业单位、社会组织等使用机关办公用房的；……"。

2.《机关事务管理条例》(国务院令第 621 号)第三十二条，"违反本条例规定，有下列情形之一的，由上级机关责令改正，并由任免机关或者监察机关对责任人员给予警告处分；情节较重的，给予记过或者记大过处分；情节严重的，给予降级或者撤职处分：……（三）出租、出借办公用房，改变办公用房使用功能，或者擅自租用办公用房的……"。

3.《财政违法行为处罚处分条例》(国务院令第 427 号)第四条，"财政收入执收单位及其工作人员有下列违反国家财政收入上缴规定的行为之一的，责令改正，调整有关会计账目，收缴应当上缴的财政收入，限期退还违法所得。对单位给予警告或者通报批评。对直接负责的主管人员和其他直接责任人员给予记大过处分；情节较重的，给予降级或者撤职处分；情节严重的，给予开除处分：（一）隐瞒应当上缴的财政收入；（二）滞留、截留、挪用应当上缴的财政收入；（三）坐支应当上缴的财政收入；……"。

4.《政府非税收入管理办法》(财税〔2016〕33 号)第三十八条，"对违反本办法规定设立、征收、缴纳、管理非税收入的行为，依照《中华人民共和国预算法》《财政违法行为处罚处分条例》和《违反行政事业性收费和罚没收入收支两条线管理规定行政处分暂行规定》等国家有关规定追究法律责任；涉嫌犯罪的，依法移送司法机关处理"。

案例 7—2　违规占用办公用房

（一）基本事实

1. 2018 年，×× 部门本级违规无偿占用下属企业办公用房 1458.31 平方米；

2. 2018 年，×× 部门本级未经批准无偿占用所属 ×× 单位办公用房 960 平方米。

（二）定性适用政策

1.《党政机关厉行节约反对浪费条例》（2013 年 11 月）第三十六条，"党政机关新建、改建、扩建、购置、置换、维修改造、租赁办公用房，必须严格按规定履行审批程序……"。

2.《党政机关办公用房管理办法》（2017 年 12 月）第十条，"党政机关办公用房配置应当严格执行相关标准，从严核定面积……"；第十四条，"无法调剂或者置换解决办公用房的，可以面向市场租用，但应当严格按照规定履行审批程序……"。

3.《机关事务管理条例》（国务院令第 621 号）第二十三条，"……未经本级人民政府批准，不得租用办公用房"。

（三）处理处罚和处分适用政策

1.《党政机关办公用房管理办法》（2017 年 12 月）第三十五条，"建立健全党政机关办公用房管理责任追究制度，对有令不行、有禁不止的，依照有关规定严肃追究相关人员责任。管理部门有下列情形之一的，依纪依法追究相关人员责任：……（二）不按照规定履行调剂、置换、租用、建设等审批程序的；……使用单位有下列情形之一的，依纪依法追究相关人员责任：……（四）未经批准租用、借用办公用房的；……"。

2.《机关事务管理条例》（国务院令第 621 号）第三十二条，"违反本条例规定，有下列情形之一的，由上级机关责令改正，并由任免机关或者监察机关对责任人员给予警告处分；情节较重的，给予记过或者记大过处分；情节严重的，给予降级或者撤职处分：……（三）……或者擅自租用办公用房的……"。

案例 7—3 违规使用办公用房

（一）基本事实

2018 年，已脱钩的 3 家协会未经报批仍租用原挂靠 ×× 部门的行政办公用房 15 间。

（二）定性适用政策

1.《党政机关办公用房管理办法》（2017 年 12 月）第二十一条，"……生产经营类事业单位、国有企业和行业协会商会等社团组织，原则上不得占用党政机关办公用房"。

2.《全国性行业协会商会脱钩改革有关行政办公用房管理办法（试行）》（国管房地〔2015〕398 号）第七条，"清理腾退全国性行业协会商会使用行政办公用房的过渡期设定为 2017 年底前。挂靠在全国性行业协会商会的企业或除分支机构以外的其他机构占用的行政办公用房，不设清理腾退过渡期，由行业协会商会配合业务主管单位自本办法印发之日起6个月内完成清理腾退"；第十条，"全国性行业协会商会……确实难以腾退的，经机关事务主管部门核准后，2019年底前可以继续使用，自2020年起可实行租用……行业协会商会新建、购置办公用房或租用社会房屋的，应在投入使用后6个月内清理腾退使用的行政办公用房"。

3.《行业协会商会综合监管办法》（发改经体〔2016〕2657号），"13.全国性协会商会应当根据《全国性行业协会商会脱钩改革有关行政办公用房管理办法（试行）》、《关于进一步加强全国性行业协会商会有关行政办公用房管理工作的通知》使用、腾退行政办公用房。地方协会商会按照各地机关事务管理部门制定的脱钩改革有关行政办公用房管理细则执行"。

（三）处理处罚和处分适用政策

《脱钩后行业协会商会资产管理暂行办法》（财资〔2017〕86号）第二十五条，"……协会商会占用的行政办公用房和由财政性资金形成的事业单位办公用房，按照行业协会商会脱钩改革中关于办公用房管理的有关规定执行"。

案例 7—4　办公用房面积超标准等

（一）基本事实

1.2016年底，××部门所属××单位的服务用房面积超出规定标准 340 平方米；

2. 2015 年和 2016 年，×× 部门漏报办公用房面积，报送面积分别比实际使用面积少 1023.4 平方米和 281.87 平方米。

（二）定性适用政策

1.《党政机关办公用房管理办法》（2017 年 12 月）第十条，"党政机关办公用房配置应当严格执行相关标准，从严核定面积……"。

2.《党政机关办公用房建设标准》（发改投资〔2014〕2674号）第七条，"……严禁超规模、超标准、超投资建设党政机关办公用房"；第十条，"党政机关办公用房由基本办公用房(办公室、服务用房、设备用房)、附属用房两部分组成"；第十二条，"服务用房使用面积不应超过'中央机关、省级机关服务用房面积 7—9 平方米 / 人，200 人及以下取上限，400 人及以上取下限，中间值用公式（1100—编制定员）/100 计算确定'规定"。

3.《行政单位国有资产管理暂行办法》（财政部令第 35 号）第二十条，"行政单位对所占有、使用的国有资产应当定期清查盘点，做到家底清楚，账、卡、实相符，防止国有资产流失"；第四十四条，"行政单位报送资产统计报告，应当做到真实、准确、及时、完整，并对国有资产占有、使用、变动、处置等情况做出文字分析说明……"。

（三）处理处罚和处分适用政策

《党政机关办公用房管理办法》（2017 年 12 月）第三十五条，"建立健全党政机关办公用房管理责任追究制度，对有令不行、有禁不止的，依照有关规定严肃追究相关人员责任。管理部门有下列情形之一的，依纪依法追究相关人员责任：……（三）为使用单位超标准配置办公用房的；……（五）办公用房管理信息统计报送中瞒报、漏报的……使用单位有下列情形之一的，依纪依法追究相关人员责任：……（七）为工作人员超标准配备办公用房，或者未经批准配备两处以上办公用房的；（八）有其他违反办公用房管理规定情形的"。

案例 7—5 办公用房维修改造手续不规范

（一）基本事实

2018 年，××部门在未报批的情况下，擅自维修改造所用办公用房，涉及资金 111.7 万元。

（二）定性适用政策

1.《关于党政机关停止新建楼堂馆所和清理办公用房的通知》（2013 年 7 月），"办公用房……维修改造项目要以消除安全隐患、恢复和完善使用功能为重点，严格履行审批程序，严格执行维修改造标准，严禁豪华装修。中央直属机关办公用房维修改造项目，由中直管理局审批。国务院各部门办公用房维修改造项目，由国管局审批……加强预算和资金使用管理。党政机关办公用房维修改造项目所需投资，统一纳入预算安排财政资金解决，未经审批的项目，不得安排预算"。

2.《党政机关厉行节约反对浪费条例》（2013 年 11 月）第三十六条，"党政机关新建、改建、扩建、购置、置换、维修改造、租赁办公用房，必须严格按规定履行审批程序……"；第三十八条，"……党政机关办公用房维修改造项目所需投资，统一列入预算由财政资金安排解决，未经审批的项目不得安排预算"。

3.《党政机关办公用房管理办法》（2017 年 12 月）第二十七条，"党政机关办公用房因使用时间较长、设施设备老化、功能不全、存在安全隐患等原因需要大中修的，使用单位向机关事务管理部门提出申请；机关事务管理部门结合办公用房建筑年代、历史维修记录、老化损坏程度、单位建筑面积能耗水平和使用单位的实际需求，统筹安排办公用房大中修项目，报财政部门审核安排预算。办公用房大中修项目应当严格按照规定履行审批程序，未经审批的项目，不得安排预算。中央和国家机关本级办公用房大中修项目，由归口的机关事务管理部门审批。中央和国家机关所属垂直管理机构、派出机构和参照公务员法管理的事业单位办公用房大中修项目，机关事务管理部门委托行政主管部门审批，其中厅（局）级及以上单位办公用房大中修项目审批情况应当报归口的机关事务管理部门备案……"。

4.《机关团体建设楼堂馆所管理条例》(国务院令第 688 号)第二条，"……本条例所称建设，是指新建、扩建、改建、购置……"；第三条，"建设办公用房应当严格履行审批程序，严格执行建设标准。未经批准，不得建设办公用房……"；第六条，"建设办公用房的，应当向负责项目审批的机关报送项目建议书、可行性研究报告、初步设计；……"；第十条，"对未经批准的办公用房项目，不得办理规划、用地、施工等相关手续，不得安排预算、拨付资金"；第十三条，"办公用房项目的建设资金由预算资金安排。办公用房项目的建设资金来源不得有下列情形：（一）挪用各类专项资金；（二）向单位、个人摊派；……"。

（三）处理处罚和处分适用政策

1.《党政机关办公用房管理办法》（2017 年 12 月）第三十五条，"建立健全党政机关办公用房管理责任追究制度，对有令不行、有禁不止的，依照有关规定严肃追究相关人员责任。管理部门有下列情形之一的，依纪依法追究相关人员责任：（一）违规审批项目或者安排投资计划、预算的；（二）不按照规定履行调剂、置换、租用、建设等审批程序的；……使用单位有下列情形之一的，依纪依法追究相关人员责任：……（二）未经批准建设或者大中修办公用房的……"。

2.《机关团体建设楼堂馆所管理条例》(国务院令第 688 号)第二十一条，"机关、团体有下列情形之一的，根据具体情况责令停止相关建设活动或者改正，对所涉楼堂馆所予以收缴、拍卖或者责令限期腾退，对负有责任的领导人员和直接责任人员依法给予处分：……（二）未经批准建设办公用房；……（五）办公用房项目建设资金来源不符合规定……"。

案例 7—6 挤占其他经费用于办公用房建设

（一）基本事实

近几年，××部门本级通过所属单位编报的 10 个项目支出预算争取财政资金支持，实际用于归还该部门 2010 年购建办公业务用房的借款，涉及资金 15400 万元。

（二）定性适用政策

1. 《党政机关厉行节约反对浪费条例》（2013 年 11 月）第三十八条，"党政机关办公用房建设项目投资，统一由政府预算建设资金安排……"。

2. 《党政机关办公用房管理办法》（2017 年 12 月）第十六条，"党政机关办公用房配置所需资金，应当通过政府预算安排，不得接受任何形式赞助或者捐款，不得搞任何形式集资或者摊派，不得向其他任何单位借款，不得让施工单位垫资，严禁挪用各类专项资金"。

3. 《机关团体建设楼堂馆所管理条例》（国务院令第 688 号）第十三条，"办公用房项目的建设资金由预算资金安排。办公用房项目的建设资金来源不得有下列情形：（一）挪用各类专项资金；（二）向单位、个人摊派；……"。

4.《中华人民共和国预算法》（2015 年 1 月）第十三条，"……支出必须以经批准的预算为依据，未列入预算的不得支出"。

5.《预算法实施条例》（国务院令第 186 号）第六十二条，"……预算支出，必须按照本级政府财政部门批复的预算科目和数额执行……"。

（三）处理处罚和处分适用政策

1.《机关团体建设楼堂馆所管理条例》（国务院令第 688 号）第二十一条，"机关、团体有下列情形之一的，根据具体情况责令停止相关建设活动或者改正，对所涉楼堂馆所予以收缴、拍卖或者责令限期腾退，对负有责任的领导人员和直接责任人员依法给予处分：……（五）办公用房项目建设资金来源不符合规定……"。

2.《财政违法行为处罚处分条例》（国务院令第 427 号）第六条，"国家机关及其工作人员有下列违反规定使用、骗取财政资金的行为之一的，责令改正，调整有关会计账目，追回有关财政资金，限期退还违法所得。对单位给予警告或者通报批评。对直接负责的主管人员和其他直接责任人员给予记大过处分；情节较重的，给予降级或者撤职处分；情节严重的，给予开除处分：（一）以虚报、冒领等手段骗取财政资金；（二）截留、挪用财政资金；……（五）其他违反规定使用、骗取财政资金的行为"。

案例 7—7 办公用房财务处理不规范

（一）基本事实

2016—2017 年，×× 部门本级及其所属 5 个行政单位有 15 处办公用房共计 1.9 万平方米未及时入固定资产台账和财务会计账。

（二）定性适用政策

1.《党政机关办公用房管理办法》（2017 年 12 月）第六条，"建立健全党政机关办公用房清查盘点制度。使用单位应当建立本单位办公用房资产管理分台账，资产信息发生变更的，及时调整更新"。

2.《机关团体建设楼堂馆所管理条例》（国务院令第 688 号）第十五条，"办公用房项目竣工后，建设单位应当按照规定及时组织编报竣工财务决算，并及时办理固定资产入账手续"。

3.《行政单位国有资产管理暂行办法》（财政部令第 35 号）第二十条，"行政单位对所占有、使用的国有资产应当定期清查盘点，做到家底清楚，账、卡、实相符，防止国有资产流失"。

4.《中华人民共和国会计法》（2017 年 11 月）第九条，"各单位根据实际发生的经济业务事项进行会计核算，填制会计凭证，登记会计账簿，编制财务会计报告。任何单位不得以虚假的经济业务事项或者资料进行会计核算"。

（三）处理处罚和处分适用政策

《行政单位国有资产管理暂行办法》（财政部令第 35 号）第四十八条，"财政部门、行政单位及其工作人员，应当认真履行国有资产管理职责，依法维护国有资产的安全、完整"。第五十条，"……违反国家国有资产管理规定的基他行为，按国家有关法律法规处理"。

第三节　问题讨论

讨论 7—1　事业单位、行政单位房产出租收入均需上缴财政吗？

事业单位房产的出租出借与行政单位房产的出租出借，所获得收入的处置方式不同。以中央事业单位和行政单位为例：

（一）事业单位根据《事业单位国有资产管理暂行办法》（财政部令第 36 号）第二十三条，"除本办法第五十六条及国家另有规定外，事业单位对外投资收益以及利用国有资产出租、出借和担保等取得的收入应当纳入单位预算，统一核算，统一管理"。

（二）行政单位根据《中央行政单位国有资产处置收入和

出租出借收入管理暂行办法》（财行〔2009〕400号）第三条，"中央行政单位国有资产处置收入和出租出借收入，以下统称为国有资产收入"；第五条，"国有资产收入属于中央政府非税收入，是中央财政收入的重要组成部分，由财政部负责收缴和监管"。

《关于进一步加强和改进行政事业单位国有资产管理工作的通知》（财资〔2018〕108号），"七、加强资产收入管理。要加强资产处置收入、出租出借收入和对外投资收益管理，规范收支行为。行政事业单位国有资产处置收入和行政单位资产出租出借收入，要按照政府非税收入管理和国库集中收缴制度的有关规定，在扣除相关税费后及时上缴国库，实行'收支两条线'管理。事业单位对外投资和出租出借收入，要纳入单位预算，统一核算、统一管理，严禁形成'账外账'和'小金库'"。因此，中央行政单位房产出租收入应作为非税收入上缴财政，而中央事业单位房产出租收入不需上缴财政，但要统一核算、统一管理，但中央事业单位国有资产的处置收益需要按照非税收入的有关规定要求上缴财政。

第八章　社团收费

◎ 《中国共产党纪律处分条例》（2018 年 8 月）

第一百一十二条　有下列行为之一，对直接责任者和领导责任者，情节较轻的，给予警告或者严重警告处分；情节较重的，给予撤销党内职务或者留党察看处分；情节严重的，给予开除党籍处分：

（一）超标准、超范围向群众筹资筹劳、摊派费用，加重群众负担的；

（二）违反有关规定扣留、收缴群众款物或者处罚群众的；

（三）克扣群众财物，或者违反有关规定拖欠群众前款的；

（四）在管理、服务活动中违反有关规定收取费用的；

（五）在办理涉及群众事务时刁难群众、吃拿卡要的；

（六）有其他侵害群众利益行为的。

在扶贫领域有上述行为的，从重或者加重处分。

◎ 2012 年以来涉及"社团收费"的重要制度政策

1.《社会组织评比达标表彰活动管理暂行规定》（国评组发〔2012〕2 号）

2.《社会组织举办研讨会论坛活动管理办法》（民发〔2012〕57 号）

3.《关于取消社会团体会费标准备案规范会费管理的通知》（民发〔2014〕166 号）

4.《行业协会商会综合监管办法》（发改经体〔2016〕2657 号）

5.《关于进一步规范行业协会商会收费管理的意见》（发改经体〔2017〕1999 号）

6.《关于进一步规范社会团体涉企收费等行为切实减轻企业负担的通知》（民发〔2017〕139 号）

第一节　管理红线和标准

规矩 8—1 《社会组织评比达标表彰活动管理暂行规定》

（一）财务管理应关注的"不得""禁止"等红线及"罚则"

第三条　社会组织开展评比达标表彰活动应当遵守以下规定：（一）……不得超出其活动地域和业务领域；（二）……严

格控制数量，防止过多过滥；（三）坚持非营利性原则，不得向评选对象收取任何费用，不得在评选前后收取各种相关费用或者通过其他方式变相收费，不得以任何形式与营利性机构合作举办或者委托营利性机构举办；……（五）评比达标表彰项目或奖项的名称前应当冠以社会组织名称，未经批准不得冠以"中国""全国""国际""世界"或其他类似字样。

第十五条 社会组织开展评比达标表彰活动有违法违规情形的，以及社会组织未经批准擅自开展评比达标表彰活动的，由登记管理机关责令停止，并可视其情节给予行政处罚。

第十六条 社会组织有下列情形之一的，由登记管理机关责令停止评比达标表彰活动：（一）申报评比达标表彰项目时弄虚作假的；（二）不具备本规定第九条规定条件的；（三）评比达标表彰项目对推动工作失去实际意义或者造成社会负面影响、群众反映比较强烈的。

第十七条 未经批准，社会组织不得与境外组织合作举办评比达标表彰活动。

第十九条 本规定自发布之日起实施。以前未经批准保留的社会组织评比达标表彰项目应当一律停止，确需开展的应当按照本规定提出申请。未提出申请或者申请未予批准的，一律不得继续开展评比达标表彰活动。

（二）适用范围

1.单位范围：依法登记的社会团体、基金会、民办非企业

单位等社会组织;

2.业务范围:本规定中评比达标表彰活动是以行业、学科或专业领域内的集体或个人为评选对象的各类评比达标表彰活动;以产品、文艺作品、学术成果、服务、管理体系为评选对象的各类评比达标表彰活动;其他评比达标表彰活动。属于业务活动性质的资质评定、等级评定、技术考核,以内设机构和工作人员为对象的社会组织内部考核评比,以及社会组织根据《国家科学技术奖励条例》设立的奖项,不适用本规定。

规矩 8—2 《社会组织举办研讨会论坛活动管理办法》

(一)财务管理应关注的"不得""禁止"等红线及"罚则"

第八条 社会组织以"主办单位""协会单位""支持单位""指导单位"等方式合作开展研讨会论坛活动,要切实履行职责,对活动全过程和重要环节要予以把关,不得以挂名方式参与合作或者收取费用。

第九条 社会组织举办研讨会、论坛活动:(一)不得利用党政机关名义举办或与党政机关联合举办;(二)主题和内容不得超出章程规定的业务范围;(三)不得强制其他组织或者个人参加,不得强行收取相关费用;(四)不得进行与收费挂钩的品牌推介、成果发布、论文发表等活动;(五)不得借机变相公款消费、旅游,不得发放礼金、礼品、昂贵纪念品和各种有价证券、支付凭证。

第十条　社会组织不得邀请党政领导干部出席与本职工作无关的论坛、研讨会活动，不得对党政领导干部的出席情况进行虚假宣传。

第十六条　社会组织举办研讨会、论坛活动有违法违规情形，对推动工作失去实际意义或者造成社会负面影响、群众反映强烈的，登记管理机关视情节依法予以警告、罚款、没收违法所得、责令撤换直接负责的主管人员、限期停止活动、撤销登记等行政处罚。构成犯罪的，依法移交司法机关追究刑事责任。

（二）适用范围

1. 文件主送：各省（自治区、直辖市）、中央和国家机关各部委、各人民团体清理和规范庆典研讨会论坛活动工作领导小组，各省（自治区、直辖市）民政厅（局），各计划单列市民政局，新疆生产建设兵团民政局；

2. 业务范围：依法登记的社会团体、基金会、民办非企业单位等社会组织举办的各类业务研讨和学术交流活动。

规矩 8—3 《关于取消社会团体会费标准备案规范会费管理的通知》

（一）财务管理应关注的"不得""禁止"等红线及"罚则"

1.……会费标准的额度应当明确，不得具有浮动性。

2.……除会员大会或者会员代表大会以外，不得采取任何其他形式制定或者修改会费标准。

3.……除会费以外，其他收入不得使用社会团体会费收据。

4.社会团体会费标准的制定、修改，以及会费收取、使用和管理不符合本通知规定的，社会团体登记管理机关可以依据《社会团体登记管理条例》的有关规定，给予相应处罚。

（二）适用范围

1.文件主送：各省、自治区、直辖市民政厅（局）、财政厅（局），各计划单列市民政局、财政局，新疆生产建设兵团民政局、财务局。

2.适用于社会团体。

规矩 8—4 《行业协会商会综合监管办法》

（一）财务管理应关注的"不得""禁止"等红线及"罚则"

1.对获法律授权或按规定承接国家有关职业资格资质认定、认证、评比、达标、表彰等职能的行业协会及其从业人员，严禁违规收取费用、出具虚假证明或报告、谋取不正当利益、扰乱市场秩序。行业协会及其从业人员从事职业资格认定、认证等行为，必须符合国家有关规定。

2.协会商会按照章程和有关规定向会员收取会费并开具会费收据。协会商会向会员提供相关服务，应遵循自愿原则收取合理费用，收费标准按章程规定的程序确定。

3.协会商会不得从事下列违法收费行为：强制入会并以此

为目的收取会费（法律法规有规定的除外）；利用政府名义或政府委托事项为由擅自设立收费项目、提高收费标准；强制会员付费参加各类会议、培训、展览、评比、达标、表彰活动及出国考察等；强制会员赞助、捐赠、订购有关产品或刊物；以担任理事（常务理事）、负责人为名向会员收取费用（会费除外）；其他违反法律法规的收费行为。

4. 对协会商会各类违法收费行为，政府价格主管部门依法查处。违反《社会团体登记管理条例》的，同时由民政部门依法查处。

（二）适用范围

适用于与行政机关脱钩和直接登记的行业协会商会。

规矩 8—5 《关于进一步规范行业协会商会收费管理的意见》

（一）财务管理应关注的"不得""禁止"等红线及"罚则"

1. ……行业协会商会收取会费应同时明确所提供的基本服务项目，并向会员公开，严禁只收费不服务……会费不得重复收取，行业协会商会总部及分支（代表）机构不得向同一家会员企业分别收取会费。行业协会商会分支（代表）机构不得单独制定会费标准……。

2. ……行业协会商会依据法律、行政法规等规定代行政府职能并收取的费用，应当纳入行政事业性收费管理。收费项目和标准应当严格履行审批手续后确定，不得擅自增加收费项目、提高收费标准。

3.行业协会商会应按照法律法规关于经营者义务的相关规定和自愿有偿服务的原则，在宗旨和业务范围内开展经营服务性活动，规范相关收费行为……行业协会商会不得强制服务并收费。

4.行业协会商会……经批准开展的评比达标表彰活动，……不得向参与评比达标表彰活动的对象收取费用，不得在评选前后直接或变相收取各种相关费用。

5.……行业协会商会要适当降低偏高会费和其他收费标准，减轻企业负担。要合理设置会费档次，一般不超过4级，对同一会费档次不得再细分不同收费标准。……列入行业协会商会基本服务项目的，不得再另行向会员收取费用。取消不合理收费项目，降低盈余较多的服务项目收费标准，不得以强制捐赠、强制赞助等方式变相收费，对保留的收费项目，切实提高服务质量。

6.加大对行业协会商会违规收费行为查处力度。健全对行业协会商会等社会组织收费行为的综合监管体系，加强事中事后监管。民政部门要依照相关登记管理法规严格监督管理和执法检查。审计机关依法对行业协会商会进行审计监督。价格、财政部门按照职责分工对行业协会商会收费及价格行为加强监管。人力资源社会保障部门对行业协会商会开展职业资格资质许可和认定行为强化监管。各行业管理部门要按职能对行业协会商会收费服务行为进行必要的政策指导，并履行相关监管责任。从严从实查处行业协会商会违规收费行为，做到发现一起、查处一起、曝光一起，并由业务主管单位或有关部门依纪依规追究其主要负责人和直接责任人的责任，情节严重的要责令撤换。

（二）适用范围

文件主送：各省、自治区、直辖市人民政府，中央和国家机关各部委，各人民团体。

规矩 8—6 《关于进一步规范社会团体涉企收费等行为切实减轻企业负担的通知》

（一）财务管理应关注的"不得""禁止"等红线及"罚则"

1.……重点查处行业协会商会下列违法收费行为：强制入会并以此为目的收取会费（法律法规有规定的除外）；利用政府名义或政府委托事项为由擅自设立收费项目、提高收费标准；强制会员付费参加各类会议、培训、展览、评比、达标、表彰活动及出国考察等；强制会员赞助、捐赠、订购有关产品或刊物；以担任理事（常务理事）、负责人为名向会员收取费用（会费除外）。在日常监管中要对社会团体违反规定收取会费、强制收费、评比达标表彰收费、利用政府名义或政府委托事项为由擅自收费等行为重点排查和监管。

2.……社会团体收取了会费，就应当为会员提供相应的服务，严禁只收费不服务。

3.……社会团体要坚持入会自愿、退会自由的原则，不得依托政府部门、利用团体的垄断优势强制入会和阻碍退会。

4.各级民政部门要强化日常监管，在年度检查工作中对社会团体会费、服务性收费、捐赠等涉企收费进行检查，在抽查审计中重点检查，通过培训、会议做好政策宣讲和工作指导，要公开受理举报的渠道，做到有案必查。要加大执法查处力度，从严从快查处社会团体依托行政机关、行政审批、政府购买服务、政府委托职能、评比达标表彰等实施的违法违规收费行为，做到发现一起、查处一起、曝光一起。

（二）适用范围

文件主送：各省、自治区、直辖市民政厅（局），各计划单列市民政局，新疆生产建设兵团民政局。

第二节　案例分析

案例 8—1　会费设定不规范

（一）基本事实

1.2017 年，××学会擅自将该学会发展的部分团体会员单位年度会费标准从 0.4 万元上涨至 1.6 万元；

2.2017 年，××协会按程序设定会费档次 4 级，但擅自将副会长单位会费档次细分为"驻会副会长单位会费"和"普通副会长单位会费"两个会费标准并收取，涉及资金 21.7 万元；

3. 2016—2017 年，×× 协会下属 12 个分支机构分别擅定会费标准并收取会费，涉及资金 340.64 万元；

4. 2016 年，×× 促进会违规按浮动性会费标准收取 8 家单位的会费，涉及资金 32 万元。

（二）定性适用政策

1.《关于取消社会团体会费标准备案规范会费管理的通知》（民发〔2014〕166 号），"会费标准的额度应当明确，不得具有浮动性。……除会员大会或者会员代表大会以外，不得采取任何其他形式制定或者修改会费标准"。

2.《关于进一步规范行业协会商会收费管理的意见》（发改经体〔2017〕1999 号），"……会费不得重复收取，行业协会商会总部及分支（代表）机构不得向同一家会员企业分别收取会费。行业协会商会分支（代表）机构不得单独制定会费标准……行业协会商会要适当降低偏高会费和其他收费标准，减轻企业负担。要合理设置会费档次，一般不超过 4 级，对同一会费档次不得再细分不同收费标准。……"。

（三）处理处罚和处分适用政策

1.《关于取消社会团体会费标准备案规范会费管理的通知》（民发〔2014〕166 号），"社会团体会费标准的制定、修改，以及会费收取、使用和管理不符合本通知规定的，社会团体登记管理机关可以依据《社会团体登记管理条例》的有关规定，给予相应处罚"。

2.《行业协会商会综合监管办法》（发改经体〔2016〕2657号），"对协会商会各类违法收费行为，政府价格主管部门依法查处。违反《社会团体登记管理条例》的，同时由民政部门依法查处"。

3.《关于进一步规范行业协会商会收费管理的意见》（发改经体〔2017〕1999号），"加大对行业协会商会违规收费行为查处力度……从严从实查处行业协会商会违规收费行为，做到发现一起、查处一起、曝光一起，并由业务主管单位或有关部门依纪依规追究其主要负责人和直接责任人的责任，情节严重的要责令撤换"。

案例 8—2 向会员提供基本服务并违规收费

（一）基本事实

2018年，××协会内部规定"召集会员会议"属于该协会的基本服务项目，但该协会召集会员参加会议时，仍向参会会员单位违规收取会务费，涉及资金5.5万元。

（二）定性适用政策

《关于进一步规范行业协会商会收费管理的意见》（发改经体〔2017〕1999号），"（五）降低行业协会商会偏高收费……列入行业协会商会基本服务项目的，不得再另行向会员收取费用……"。

(三)处理处罚和处分适用政策

1.《行业协会商会综合监管办法》（发改经体〔2016〕2657号），"对协会商会各类违法收费行为，政府价格主管部门依法查处。违反《社会团体登记管理条例》的，同时由民政部门依法查处"。

2.《关于进一步规范行业协会商会收费管理的意见》（发改经体〔2017〕1999号），"加大对行业协会商会违规收费行为查处力度。从严从实查处行业协会商会违规收费行为，做到发现一起、查处一起、曝光一起，并由业务主管单位或有关部门依纪依规追究其主要负责人和直接责任人的责任，情节严重的要责令撤换"。

案例 8—3 举办论坛节庆评比达标表彰等活动并违规收费

(一)基本事实

1. 2017年，××协会未经批准开展评奖活动并收费，涉及资金830.66万元；

2. 2016年，××联合会未经批准举办企业评比活动并收费，涉及资金16.86万元；

3. 2016年，××学会承接××奖项申报的事务性工作，该学会在承办工作中擅自违规向该奖项申报单位收费，涉及资金 387.7 万元。

（二）定性适用政策

1.《社会组织评比达标表彰活动管理暂行规定》（国评组发〔2012〕2 号）第三条，"社会组织开展评比达标表彰活动……不得向评选对象收取任何费用，不得在评选前后收取各种相关费用或者通过其他方式变相收费，不得以任何形式与营利性机构合作举办或者委托营利性机构举办……"[①]。

2.《行业协会商会综合监管办法》（发改经体〔2016〕2657 号），"22.协会商会从事下列违法收费行为：……强制会员付费参加各类会议、培训、展览、评比、达标、表彰活动……"。

3.《关于进一步规范行业协会商会收费管理的意见》（发改经体〔2017〕1999 号），"行业协会商会……经批准开展的评比达标表彰活动，……不得向参与评比达标表彰活动的对象收取费用，不得在评选前后直接或变相收取各种相关费用"。

4.《关于进一步规范社会团体涉企收费等行为切实减轻企业负担的通知》（民发〔2017〕139 号），"……重点查处行业协会商会下列违法收费行为：……强制会员付费参加各类会议、培训、展览、评比、达标、表彰活动及出国考察等……"。

---

① 2018 年 12 月 21 日中共中央办公厅、国务院办公厅印发《评比达标表彰活动管理办法》（中办发〔2018〕69 号），涉及评比达标表彰活动管理应严格遵照该办法执行。鉴于案例选取均为 2017 年及以前年度案例，因此"定性适用政策"和"处理处罚和处分适用政策"采用了当时有效的政策。

5.《关于清理规范涉企经营服务性收费的通知》（发改价格〔2017〕790 号），"……行业协会商会……不得利用行业影响力以评比表彰、评审达标等方式违规收费……"。

（三）处理处罚和处分适用政策

1.《社会组织评比达标表彰活动管理暂行规定》（国评组发〔2012〕2 号）第十五条，"社会组织开展评比达标表彰活动有违法违规情形的，以及社会组织未经批准擅自开展评比达标表彰活动的，由登记管理机关责令停止，并可视其情节给予行政处罚"。

2.《行业协会商会综合监管办法》（发改经体〔2016〕2657 号），"36. 对协会商会各类违法收费行为，政府价格主管部门依法查处。违反《社会团体登记管理条例》的，同时由民政部门依法查处"。

案例 8—4 违规设立职业资格并违规收费

（一）基本事实

近些年，××学会未经批准自行设立 2 个职业资格，围绕这 2 个职业资格举办培训班并收费，涉及资金 4541.26 万元。

（二）定性适用政策

1.《行业协会商会综合监管办法》（发改经体〔2016〕2657 号），"……对获法律授权或按规定承接国家有关职业资格资质认定、认证、评比、达标、表彰等职能的行业协会及其从业人员，严禁违规收取费用、出具虚假证明或报告、谋取不正当利益、扰乱市场秩序。行业协会及其从业人员从事职业资格认定、认证等行为，必须符合国家有关规定。……依据法律、行政法规、国务院规定或经国务院职业资格审批机构批准，按照行政事业性收费相关审批规定，行业协会依法组织实施全国性职业资格考试，以及实施鉴证类资格认定收取的相关费用，纳入行政事业性收费管理"。

2.《关于事业单位和社会团体有关收费管理问题的通知》（财规〔2000〕47号），"一、事业单位和社会团体等非企业组织按照自愿有偿原则提供下列服务，不属于政府行为，其收费应作为经营服务性收费由价格主管部门进行管理……收费时要按规定使用税务发票，不应使用行政事业性收费票据……（二）法律法规和国务院部门规章规定强制进行的培训业务以外，由有关单位和个人自愿参加培训的收费……。""三、事业单位和社会团体等非企业组织经政府部门授权或委托，根据法律法规和国务院部门规章的规定开展的培训，属于法定培训，具有强制性，其培训收费应作为行政事业性收费管理……使用财政部门行政事业性收费票据"。

3.《关于清理规范涉及职业资格相关收费的通知》（财综〔2008〕22号），"……非行政许可类职业资格考试和鉴定……除考试、鉴定之外的培训费、证书费等其他所有收费一律取消……凡按上述规定予以保留的考试、鉴定收费项目，其收费标准必须按照收费管理权限经省级以上价格、财政主管部门审核批准，未履行审批程序的，应立即向省级以上价格、财政部门申请，在申请得到批准前必须停止收费；收费项目符合规定但实际收费标准不符合价格、财政部门所批标准的，必须立即纠正……"。

4.《关于公布国家职业资格目录的通知》（人社部发〔2017〕68号），"国家按照规定的条件和程序将职业资格纳入国家职业资格目录，实行清单式管理，目录之外一律不得许可和认定职业资格……职业资格设置、取消及纳入、退出目录，须由人力资源社会保障部会同国务院有关部门组织专家进行评估论证、新设职业资格应当遵守《国务院关于严格控制新设行政许可的通知》（国发〔2013〕39号）规定并广泛听取社会意见后，按程序报经国务院批准……各部门未经批准不得在目录之外自行设置国家职业资格，严禁在目录之外开展职业资格许可和认定工作……"。

（三）处理处罚和处分适用政策

1.《行业协会商会综合监管办法》（发改经体〔2016〕2657号），"对协会商会各类违法收费行为，政府价格主管部门依法查处。违反《社会团体登记管理条例》的，同时由民政部门依法查处"。

案例 8—5　超范围提供服务并违规收费

（一）基本事实

2018 年，××学会超出本学会章程和业务范围，通过其官方网站为 2 家企业提供互联网广告宣传并收取网络宣传服务费，涉及资金 7.6 万元。

（二）定性适用政策

《关于进一步规范行业协会商会收费管理的意见》（发改经体〔2017〕1999 号），"行业协会商会应按照法律法规关于经营者义务的相关规定和自愿有偿服务的原则，在宗旨和业务范围内开展经营服务性活动，规范相关收费行为……行业协会商会不得强制服务并收费"。

（三）处理处罚和处分适用政策

1.《行业协会商会综合监管办法》（发改经体〔2016〕2657 号），"对协会商会各类违法收费行为，政府价格主管部门依法查处。违反《社会团体登记管理条例》的，同时由民政部门依法查处"。

2.《社会团体登记管理条例》（国务院令第 666 号）第三十条，"社会团体有下列情形之一的，由登记管理机关给予警告，责令改正，……（二）超出章程规定的宗旨和业务范围进行活动的……"。

案例 8—6　借品牌推介违规收费

（一）基本事实

1. 2018 年，××协会与 2 家赞助商签订赞助协议，协议约定赞助商可在该协会举办的论坛、培训、会议、宣传等活动中进行冠名和品牌推介，协会据此收取赞助费，涉及资金 9.8 万元；

2. 2018 年，××学会在其举办的××专业会议上，将会议资料全部用 4 家企业及 4 家企业的产品品牌名称进行冠名，还在会场的显著位置摆放 4 家企业的宣传材料，该学会据此以品牌推介名义收取 4 家企业品牌推介费，涉及资金 13.95 万元。

（二）定性适用政策

《社会组织举办研讨会论坛活动管理办法》（民发〔2012〕57 号）第八条，"社会组织以'主办单位''协会单位''支持单位''指导单位'等方式合作开展研讨会论坛活动，要切实履行职责，对活动全过程和重要环节要予以把关，不得以挂名方式参与合作或者收取费用"。第九条，"社会组织举办研讨会、论坛活动：……（四）不得进行与收费挂钩的品牌推介、成果发布、论文发表等活动……"。

（三）处理处罚和处分适用政策

1.《社会组织举办研讨会论坛活动管理办法》（民发〔2012〕57 号）第十六条，"社会组织举办研讨会、论坛活动有违法违规情形，对推动工作失去实际意义或者造成社会负面影响、群众反映强烈的，登记管理机关视情节依法予以警告、罚款、没收违法所得、责令撤换直接负责的主管人员、限期停止活动、撤销登记等行政处罚。构成犯罪的，依法移交司法机关追究刑事责任"。

2.《行业协会商会综合监管办法》（发改经体〔2016〕2657号），"对协会商会各类违法收费行为，政府价格主管部门依法查处。违反《社会团体登记管理条例》的，同时由民政部门依法查处"。

案例 8—7　收费未公示

（一）基本事实

1. 2018年，××学会开展培训等经营服务性收费，培训等收费项目未按规定及时进行公示，涉及金额7.4万元；

2. 2016年，××协会在其主管的××网站为相关单位发布××信息并收费，发布信息的收费标准未向社会公示，涉及资金75.75万元。

（二）定性适用政策

1.《关于进一步规范行业协会商会收费管理的意见》（发改经体〔2017〕1999号），"……各级行业协会商会要……集中公示并定期更新收费项目、收费性质、服务内容、收费标准及依据等信息，建立收费信息主动公开长效机制……"。

2.《中华人民共和国价格法》(1998 年 5 月) 第二条,"……服务价格是指各类有偿服务的收费";第十三条,"经营者……提供服务,应当按照政府价格主管部门的规定明码标价,注明……服务的项目、收费标准等有关情况"。

3.《关于商品和服务实行明码标价的规定》(国家计委第 8号令) 第十六条,"提供服务的经营者应当在经营场所或缴费地点的醒目位置公布服务项目、服务内容、等级或规格、服务价格等"。

(三) 处理处罚和处分适用政策

1.《行业协会商会综合监管办法》(发改经体〔2016〕2657号),"对协会商会各类违法收费行为,政府价格主管部门依法查处。违反《社会团体登记管理条例》的,同时由民政部门依法查处"。

2.《中华人民共和国价格法》(1998 年 5 月) 第四十二条,"经营者违反明码标价规定的,责令改正,没收违法所得,可以并处五千元以下的罚款"。

3.《关于商品和服务实行明码标价的规定》(国家计委第 8号令) 第二十一条,"经营者有下列行为之一的,由价格主管部门责令改正,没收违法所得,可以并处 5000 元以下的罚款;没有违法所得的,可以处以 5000 元以下的罚款:(一) 不明码标价的;(二) 不按规定的内容和方式明码标价的;……"。

后　记

以习近平新时代中国特色社会主义思想为指导，在不断增强"四个意识"、坚定"四个自信"、做到"两个维护"的学习实践中，为更好地学习、掌握国家近年来出台的一系列涉及财务管理的"规矩"，我们动手梳理了十几年来积累的日常财务管理中的"得"与"失"，编辑了这本书，就几个情况做一点补充说明。

首先，关于书名取《公职人员应知应学财务规矩与案例》的说明。一是，众所周知，财务管理是一项专业性很强的工作，但财务管理并不是财务工作者的专属。一个部门、一个单位，财务管理与其他各项业务工作均密切关联，可以说"你中有我，我中有你"，书中重点阐述的公务接待、公务用车、因公出国、会议、差旅、培训、办公用房以及收费等八个方面的内容，不仅仅是财务工作者要学习和掌握的，更是广大非财务工作人员在开展各项工作中应注意学习、了解、执行的，因此书名取"公职人员应知应学"。二是，财务管理是一项复杂的系统工作，涉及财务管理的内容当然也不仅限于上述八个方面，把这八个方面的财务"规矩"与案例列为本书重点阐述的内容，完全是因为它们在日常工作中备受关注，稍不注意就容易出现违规情形，因此书名取"财务规矩与案例"。

其次，关于书中对案例定性、处理等"规矩"选取的说明。因书中案例隐去了具体单位，读者很难判断案例涉及单位的性质，故我们本着尽可能全面的原则选取了对案例定性、处理有关联的"规矩"予以罗列，既有适用于行政单位的，也有适用于事业单位或其他性质单位的。应该说，我们在书中提供的定性、处理等"规矩"，是基于我们对案例分析后提供的一种分析思路、一种分析角度，不能完全以此作为实践工作中对有关问题判定的依据。客观地讲，实践中对一个涉及财务问题的研判，确实存在着分析角度、对问题认识的切入点以及尺度把握深浅等不尽相同的情况。

最后，还要就书中"问题讨论"部分做一些说明。书中除了最后一章外，前七章均提出了"问题讨论"。对于这些问题的讨论，我们并不是要质疑什么，而是基于我们日常工作中碰到或预计可能碰到的一些情况加以梳理，目的是为读者提供研究这类问题的一种线索或者一种思路。通过"问题讨论"这种方式，有助于促进对各项既有"规矩"学习、领会得更加准确、更加透彻。既然是"问题讨论"，也就同样不能把它作为判定有关问题的主要依据，况且它仅仅是我们这些普通的一线财务工作者的"一家之言"。

我们能把这本书展现在读者面前，诚然，与人民出版社的鼓励和信任密不可分；对我们自己来讲，这确实需要勇气。这种勇气来自于对习近平总书记一系列关于"规矩"重要论述和指示精神的学习；来自于身边这么多有丰富财务管理实操经验的领导、专家的支持和帮助；来自于日常工作的不断积累和归纳……但我们深知，我们对财务"规矩"的学习把握水平还十分有限，对涉及财务问题的分析判断能力也有较大的局限性，因此书中难免会有不当、不妥之处，鉴于此，就姑且算是抛砖引玉吧，期盼读者朋友多多给予批评指正，以期共同提高。

郑　颖

2020 年 12 月 4 日

于北京 713

责任编辑：龚　勋

图书在版编目（CIP）数据

公职人员应知应学财务规矩与案例／郑颖 编写 . —北京：
　人民出版社，2021.1（2021.4 重印）
ISBN 978 - 7 - 01 - 022300 - 1

I.①公…　II.①郑…　III.①国家机关工作人员 - 财务管理 - 案例 - 中国
　IV.①F810.6

中国版本图书馆 CIP 数据核字（2020）第 129275 号

公职人员应知应学财务规矩与案例
GONGZHI RENYUAN YINGZHI YINGXUE CAIWU GUIJU YU ANLI

郑　颖　编写

人民出版社 出版发行
（100706　北京市东城区隆福寺街 99 号）

北京盛通印刷股份有限公司印刷　新华书店经销

2021 年 1 月第 1 版　2021 年 4 月北京第 2 次印刷
开本：710 毫米 ×1000 毫米 1/16　印张：21.25
字数：201 千字

ISBN 978 - 7 - 01 - 022300 - 1　定价：46.00 元

邮购地址 100706　北京市东城区隆福寺街 99 号
人民东方图书销售中心　电话（010）65250042　65289539